केदारनाथ सिंह की कविता

[आलोचना]

केदारनाथ सिंह की कविता

ए. अरविन्दाक्षन

लोकभारती प्रकाशन

लोकभारती प्रकाशन
पहली मंजिल, दरबारी बिल्डिंग, महात्मा गांधी मार्ग
प्रयागराज-211 001

वेबसाइट : www.lokbhartiprakashan.com
ईमेल : info@lokbhartiprakashan.com

शाखाएँ : 1-बी, नेताजी सुभाष मार्ग, दरियागंज
नई दिल्ली-110 002
अशोक राजपथ, साइंस कॉलेज के सामने
पटना-800 006
1, अनमोल सोराबजी सन्तुक लेन, धोबी तलाव,
मरीन लाइंस, मुम्बई-400 002

पहला संस्करण : 2023

मूल्य : ₹495

विकास कम्प्यूटर एंड प्रिंटर्स
ट्रॉनिका सिटी-201 102
द्वारा मुद्रित

KEDARNATH SINGH KI KAVITA
Criticism by A. Arvindakshan

ISBN : 978-81-19133-60-4

प्रिय अनामिका जी को सप्रेम

क्रम

भूमिका

केदारनाथ सिंह की कविताओं को पिछले कई वर्षों से पढ़ता आ रहा हूँ। उनकी कई कविताओं ने मुझे हमेशा आकर्षित किया है और उन कविताओं को मैंने कई बार पढ़ा भी। समय-समय पर कई जगह केदार जी से मिलने का अवसर भी मुझे प्राप्त हुआ है। दो-तीन या चार-पाँच दिन साथ-साथ रहने का सौभाग्य भी मुझे मिला। उनके कवि-व्यक्तित्व ने मुझे हमेशा नज़दीकी का एहसास दिया है। हमारे बीच में मुझे लगा कि आत्मीयता का रिश्ता भी पुख्ता होता गया था। इसी आत्मीयता को मैंने अपने ढंग से पुन:सृजित करने का कार्य किया यानी उनकी कविताओं को पुनरास्वादन के लिए अलग भी रखा था। केदार जी मेरे लिए अपनी आत्मा के पड़ोसी जैसे थे और उनकी कविताएँ मेरे समय के शब्द के रूप में मुझे आकर्षित करनेवाली रचनात्मक एवं सुरुचिपूर्ण अभिव्यक्तियाँ! मैं अकसर स्वयं से पूछा करता था कि केदार जी की कविताएँ इतनी अन्तरंग क्यों हैं? दूसरे या तीसरे पाठ के अवसर पर उनकी कविताओं की बाहरी सामान्यता तिरोहित हो जाती है और एक सूक्ष्मतम स्थिति से वह हमारा साक्षात्कार कराती है। कभी-कभी बाहरी सामान्यता जीवनधर्मिता में परिवर्तित होती है। केदार जी की कविताओं में जीवन की लघुता के प्रति यानी जीवन के लघु प्रसंगों के प्रति जो विशेष अनुराग व्यंजित होता है वह उनकी कविता का अहम 'स्पेस' है। एक छोटा सा प्रसंग उनकी कविता में अतिदीर्घ इतिहास का एहसास कराता है। एक लम्बी यात्रा का-सा एहसास। कविता की यह अन्तरयात्रा ही केदार जी की सृजनात्मकता को प्रासंगिक बनाती है। अलावा इसके उनकी कविता की लोकधर्मिता भी पाठकीय संवेदना को गहराती रहती है। लोकधर्मिता केदार जी की कविता का बाहरी आवरण नहीं है। वह उनकी कविता की उर्वर मिट्टी है; वह उनकी कविता का अप्रदूषित व्योम भी है। लोकधर्मिता उनकी कविता को देशजता तो प्रदान करती ही है। साथ-ही-साथ एक व्यापक देस को भी वह सृजित करती है। इन दोनों के बीच कविता में वे वैश्विकता को

भी चिह्नित करते हैं। इस अर्थ में ही केदार जी की कविता समकालीन बन जाती है। समकालीनता के जितने गम्भीर अर्थ हैं वे उनकी कविता में आकलित होते ही हैं। हमारे समय में कविता को सही अर्थ में समकालीन होना पड़ता है। उसे समकालीनता अर्जित करनी पड़ती है। समय का गम्भीर सम्पृक्तिबोध समकालीनता को अर्जित करने में सहायक है। कविता की शर्त पर इसे अर्जित करना दुहरे दायित्व को अपनाने जैसा कार्य है।

जब कभी मैं केदारनाथ सिंह की कविताओं से गुज़रता हूँ तो मुझे यह लगा है कि एक नए कवितानुभव से मेरी यात्रा सम्भव हो पा रही है। 'फर्क नहीं पड़ता', 'टूटा हुआ ट्रक', 'मंच और मचान', 'माँझी का पुल', 'एक पारिवारिक प्रश्न', 'पानी से घिरे हुए लोग', 'पानी की प्रार्थना', 'घोंसलों का इतिहास', 'बुद्ध से', 'एक अधूरी कविता', 'बुद्ध की मुस्कान', 'अमरूद', 'बनारस', 'भिखारी ठाकुर', 'कवि कुम्भनदास के प्रति', 'कविता', 'दरवाजे खुले रखो', 'त्रिनीदाद', 'बर्लिन की टूटी दीवार', 'सृष्टि पर पहरा', 'मतदान केन्द्र में झपकी', 'खून' और 'बाघ' जैसी दर्जनों-दर्जनों कविताएँ हैं जिनका बार-बार वाचन किया जा सकता है। हर बार वाचन का एक नया अनुभव हमें प्राप्त होता है। जीवनानुभव का यह विस्तार केदार जी की कविताओं की अपनी खासियत है। उनकी कविता हमारे भीतर उत्खनन का काम करती हैं। वे अपनी एक दुनिया भी सृजित करती हैं। उस दुनिया में हमारा प्रवेश आसानी से हो जाता है। वह हमारी चिरपरिचित दुनिया है। प्रवेश के बाद की स्थिति सरल नहीं है। यह परिचय के अभाव के कारण नहीं है। उनकी कविता उस चिरपरिचित प्रदेश से कई अनजान प्रदेशों और कई-कई पगडंडियों से होकर बढ़ती टेढी-मेढ़ी यात्रा की तरह है। केदार जी की कविता की यह भी एक विशेषता है कि उनकी एक सरल पंक्ति अपनी एक गम्भीर उपस्थिति अकसर दर्ज करती है। उनकी कविता के भीतर कई प्रतिध्वनियाँ हैं; ध्वनियों और प्रतिध्वनियों का वह एक जटिल संकुल है। उनकी कविता के व्योम का एक ही क्षितिज नहीं, असंख्य क्षितिज हैं। उनमें एक समय नहीं बल्कि समय की बहुलता है।

अकसर यह सुनने को मिला है कि केदारनाथ सिंह की कविताएँ राजनीतिक अर्थों से गुम्फित नहीं हैं। साधारण अर्थ में यह सही है। उनकी कविताएँ राजनीति के रंग-रूपों के अनुसरण में लिखी भी नहीं गई हैं। सम्भवतः यह उनका मकसद भी नहीं रहा है। यहाँ पर राजनीतिक कविताओं पर हमें पुनः विचार करना पड़ रहा है। वस्तुतः राजनीति कविता का मुख्य विषय नहीं है। मनुष्य का जीवन,

हमारा समय, समय की जटिलताएँ, हमारा स्वत्व, हमारा लोकजीवन, आदि-आदि कविता में विषय के रूप में आते हैं। इन प्रसंगों में प्रकटत: राजनीति का प्रवेश नहीं है। लेकिन इन्हीं प्रसंगों के राजनीतिक अर्थ भी निकल आ सकते हैं। इस अर्थ में केदार जी की कविताएँ सूक्ष्मतम स्तर पर राजनीतिक हैं। राजनीति का कोई मुखर पक्ष उनकी कविताओं में नहीं है। यह बात उनकी विशेषता नहीं है; यह उनकी कविताओं का स्वभाव है। राजनीति के वर्चस्व को, वैश्विक स्तर पर उसके गम्भीर व्यापन को, अधीनस्थता के आयामों को राजनीतिक अर्थ में उन्होंने कविताओं में परिगणित किया है। अत: कहा जा सकता है कि समकालीन कविता के दौर में गम्भीर किस्म की राजनीतिक कविताएँ केदार जी की रचनात्मकता में सन्निविष्ट हैं।

केदार जी की कविताओं का संस्कृति-पाठ ही दरअसल अनिवार्य रूप से होना है। उसका प्रमुख कारण यह है कि हमारी बदलती संस्कृति के समानान्तर उनकी कविताओं का एक दीप्त प्रकाश-पथ दृश्यमान है। इसलिए समय-समय पर उनकी कविताएँ अपसंस्कृति के रूपकों को अवतरित करती हैं। अपसंस्कृति के रूपकों का यह अवतरण अपने-आप में कविता में प्रतिरोध का एक सुदृढ़ अन्तस्थल सृजित करता है। उनके यहाँ प्रतिरोध की मुखरता मुख्य नहीं है बल्कि प्रतिरोध की अन्तर्धाराएँ मुख्य हैं। अहम सवालों से वे कतई कतराते नहीं हैं। वे प्रश्न पूछते हैं; बार-बार पूछते हैं। अपसंस्कृति की बढ़त उन्हें अवश्य असहिष्णु बनाती हैं। इसलिए हमेशा एक गतिशील संस्कृति का विकल्प भी वे प्रस्तुत करते हैं। इस तरह केदारनाथ सिंह अपने प्रतिरोध का एक सख्त प्रतिमान भी प्रस्तुत करते हैं।

आत्मीयता के कवि होने के नाते अनेकानेक आत्मीय प्रसंगों को उन्होंने अपनी कविता में यथोचित स्थान दिया है। जब हम उनकी कविता के बहुविध आत्मीय प्रसंगों का अवलोकन करते हैं तो पता चलता है कि वे साधारणता के पक्षधर हैं। उसमें वे जीवन की सांगोपांगता को करीब से देखते नज़र आते हैं। उसमें वे जीवन की चारुता के दर्शन भी करते हैं। चमक की दुनिया से कोसों दूर स्थित साधारणता के कई रूपक उनकी कविता में स्थान ग्रहण करते हैं। 'मंच और मचान', 'कवि कुम्भनदास के प्रति' जैसी कविताएँ इसके लिए उदाहरण हैं। मनुष्य ही नहीं बल्कि मनुष्येतर जगत भी उनकी साधारणता के वृत्त में समाहित है। हिन्दी के इस वरिष्ठ एवं मूर्धन्य कवि को जब हम इस तरह साधारणता में पूरी तरह से लीन पाते हैं और उनकी आत्मीय संलग्नता में सौन्दर्य का एक नया धरातल विवृत होता देखते हैं तो समकालीन कविता के नए पुनर्पाठ का सन्दर्भ उभरता दिखाई देता

है। केदार जी की इस आत्मीय साधारणता में मनुष्योन्मुखता का असाधारणत्व ही दर्शित होता है जिसमें अलिखित इतिहास का मुखर होना भी सम्भव हो पाता है। उसमें कवि की इच्छित यथार्थ-दृष्टि जाग्रत अवस्था में हमें प्राप्त होती है। उसमें उनकी समकालीनता की नई अर्थ-गरिमा स्फुरित मिलती है। वस्तुतः केदार जी इस कविता-प्रवृत्ति के बहाने नए सिरे से समकालीनता को पुनर्परिभाषित करते हैं। उनके यहाँ समकालीनता सीमित समय या सीमित घटना-प्रसंगों या सीमित व्यंजना-प्रतीतियों की अभिव्यक्ति नहीं है। उनकी समकालीनता समय की बहुविध सच्चाइयों, अनवरत घटना-प्रसंगों, जिनमें इतिहास का अन्त:स्फुरण अधिक सघन है, और असीमित व्यंजनाओं का साक्ष्य है। अत: यह व्यक्त कर जाना अधिक उचित लगता है कि केदार जी की समकालीनता इतिहास का उत्खनित साक्ष्य है।

केदारनाथ सिंह की कविता का वाचन आसान है और कठिन भी। उनकी कविता की संरचना सरल प्रतीत होती है और उसमें प्रवेश करने के उपरान्त हमें प्रतीत होता है कि हम कविता की सबसे जटिल संरचना से गुज़र रहे हैं। यह विरुद्ध स्थिति केदार जी की कविता की सृजनात्मकता का अहम पक्ष है। जिस प्रकार संगीत में राग केदार के कई भीतरी मोड़ होते हैं उसी प्रकार केदार जी की कविता के भी कई भीतरी मोड़ हैं। उनकी कई उत्तुंगताएँ एवं निम्नताएँ भी हैं; निकोलस रोरिख की हिमालय-चित्र-शृंखला की तरह।

हिन्दी की वरिष्ठ कवि अनामिका जी इस पुस्तक-लेखन के दौरान मुझे लगातार प्रेरित करती रहीं। उनकी प्रेरणा मेरे लिए मूल्यवान है। उनके स्नेह के समक्ष मेरा विनम्र नमन।

यह पुस्तक एक सार्थक कवि को जानने का विनम्र प्रयास मात्र है। जितना मैं जान सका उतना इसमें पाठकों को प्राप्त होगा। इस प्रयास को नज़दीक से देखने के उपरान्त पाठक अपना-अपना रास्ता तय कर सकते हैं। इसे मैं हिन्दी के बृहद पाठक समाज के लिए समर्पित कर रहा हूँ।

—ए. अरविन्दाक्षन

कविता और समय

समय स्वीकृति कविताओं में अलग-अलग होती है। प्रमेय के अनुसार और प्रमेय-सम्भावनाओं के अनुसार कविता में समय स्वीकृत होता है। अज्ञेय की लम्बी कविता 'असाध्यवीणा' में उसकी मिथकीयता के अनुरूप स्वीकृत एक लोक-कथा का पुराना समय स्वीकृत है। कविता के पुनर्वाचन के अवसर पर ही उस पुराने समय में निहित आधुनिक समय हमारी संवेदना को पुनर्नवा की तरह नवीकृत करता है। मुक्तिबोध की कविता 'अँधेरे में' का समय हमारा आधुनिक समय ही है। लेकिन मुक्तिबोध ने आधुनिक समय के साथ-साथ या उसके समानान्तर एक तिमिराच्छादित समय की परिकल्पना भी की है। अतः उक्त कविता का वास्तविक समय कवि द्वारा परिकल्पित समानान्तर समय है। कुँवर नारायण की एक कविता है, 'नीरो का संगीत प्रेम' जो रोमन सम्राट नीरो के संगीत-प्रेम पर आधारित है। उससे जाहिर होता ही है कि कवि कुँवर नारायण ने एक प्राचीन समय को कविता के लिए स्वीकार किया है। वाचन के अवसर पर हम सहज रूप से यह अनुभव करते हैं कि प्राचीन समय से आज के समय तक की समय-निरन्तरता को ही कवि ने स्वीकार किया है। यही बात हम श्रीकान्त वर्मा के 'मगध' शीर्षक संकलन में भी अनुभव कर पाते हैं। विष्णु खरे की कविता है, 'गुंग महल' जिसका विषय मुगल कालीन है। जाहिर-सी बात है कि मुगल सलतनत के समय को पुनरावतरित करना कवि का उद्देश्य नहीं हो सकता है। उस पुराने समय से लेकर हमारे समय तक की एक कविता-यात्रा ही वे कर रहे हैं। इस तरह हिन्दी कविता के विस्तृत परिदृश्य से कई उदाहरण प्रस्तुत किए जा सकते हैं।

केदारनाथ सिंह की कविता में जो समय-परिदृश्य है वह उनके कवि-व्यक्तित्व के अनुरूप पर्याप्त विस्तृत है। यह विदित बात है कि उन्होंने शुरू से अपनी कविताओं में लोक-जीवन की चलायमानता को ही प्रश्रय दिया है। तदनुरूप

उन्होंने अपने लिए लोक भाषा का सृजन भी किया है। उनकी कविता में लोक की स्वीकृति के कारण एक गतिशील समय ही उनके यहाँ प्राप्त होता है। गतिशीलता का तात्पर्य यहाँ बस इतना ही है कि वे यांत्रिक जीवन को न अपनाकर लोक के पारदर्शी जीवन को कविता के लिए चुनते हैं। इसलिए जीवन की पारदर्शिता की गतिशीलता का समय-परिदृश्य उनमें सदैव प्राप्त होता है।

विषयान्तर न सही, एक तथ्य की ओर प्रकाश डालना उचित प्रतीत होता है। वह हिन्दी कविता के विकासेतिहास से सम्बन्धित है। आधुनिक हिन्दी कविता किसी-न-किसी प्रकार यूरोपीय आधुनिकतावाद से प्रभावित रही जो कि स्वाभाविक थी। उसे कविता की सहज प्रवृत्ति के रूप में देखा जा सकता है। इस विषय पर खूब चर्चाएँ भी हुई हैं। लेकिन हिन्दी कविता की नहीं, भारतीय कविता की भी, एक समानान्तर धारा विकसित हो रही थी जिसे देसी आधुनिकता कही जा सकती है। यूरोपीय आधुनिकतावाद से भिन्न इस धारा में अपने देसीपन की ओर लौटने की प्रवृत्ति दिखाई दे रही है। यूरोप में इस बीच आधुनिकता के स्थान पर आधुनिकोत्तर प्रवृत्ति उभरती है। लेकिन भारतीय कविता उसकी तरफ आकृष्ट दिखाई नहीं पड़ रही है। हिन्दी कविता और मोटेतौर पर भारतीय कविता आधुनिकोत्तर प्रवृत्ति के बदले समकालीनता की ओर प्रवृत्त होने लगी। संकुचित होती हुई संस्कृति को जब आधुनिकोत्तर प्रवृत्ति ने प्रश्रय दिया तो तीसरी दुनिया के देशों की कविता ने समकालीनता को आत्मसात किया। समकालीन कविता की समकालीनता स्वत्व बोध से युक्त एक प्रति संस्कृति के पक्ष में खड़ी मिलती है। स्वत्व बोध की इस पहचान ने ही देसीपन की नई प्रवृत्ति को जन्म दिया है। थोपी गई वैचारिकताओं से भिन्न, आरोपित काव्यशास्त्र और सौन्दर्याभिरुचि से भिन्न नई सौन्दर्य-चेतना से ओतप्रोत देसीपन कविता की बहिरंग संरचना पर नहीं बल्कि अन्तरंग संरचना को परिवर्तित करने में सफल हुआ है। समकालीन कविता के देसीपन की प्रवृत्ति ने कविता की सतत विकासशीलता को उत्प्रेरित किया। नवउपनिवेशवाद की संकीर्णताओं को देसी परिदृश्य में पहचानने की दृष्टि कविता में विकसित होती गई। उसकी अपनी देशजता थी, राष्ट्रीयता भी थी और वैश्विकता भी थी। तीन 'स्पेस' कविता में एक साथ देखने को मिलते हैं। यह समकालीन कविता का आभ्यन्तर विकास भी है।

समकालीन कविता में देसीपन का विकास देसी आधुनिकता की स्वत्वोन्मुखता को ही व्यंजित करता है। आधुनिकता के दौर में भी स्वत्व के प्रति उन्मुखता

थी। लेकिन समकालीन स्वत्वोन्मुखता आत्मपक्ष तक सीमित नहीं है। इसमें कवि का तथा कविता का आत्मविस्तार सम्मिलित है। कविता के आभ्यन्तर जगत को उसने समृद्धि प्रदान की कि कविता जनतांत्रिक उन्मुखता का यथार्थ बनकर अवतरित होने लगी।

देसी आधुनिकता मूल्यों के अभाव से उत्पन्न उद्विग्नता के कारण नए मूल्यों का अन्वेषण है। वह मानवीयता को दृढ़तर बनाने के संकल्प से युक्त मूल्य दृष्टि है। अतः कविता की देसी आधुनिकता दरअसल उसकी गतिशील समकालीनता है जिसमें मनुष्य का एक स्वतंत्र बिम्ब उभरता दिखाई दे रहा है। अलावा इसके स्वतंत्रता के अन्यान्य बिम्ब भी उभरते हैं। समकालीन कविता में जो लोक की सम्पृक्ति है उसको इसी सन्दर्भ में देखा जाना चाहिए। इसे अपनी मिट्टी की ओर की वापसी के रूप में भी हम देख सकते हैं।

अब प्रश्न यह है कि देसी आधुनिकता में—समकालीनता में—समय की स्वीकृति का स्वरूप कैसा है? लोक की सहज प्रवृत्ति यह है कि वह हमारी चित्त-दशा का अविभाज्य घटक है जो हमारी भाषा में प्रकट होता है। वह भाषा भी हमारी सहज जीवनचर्या का हिस्सा है। अतः हमारी मूल मनोकामनाओं की इस भाषिक अभिव्यक्ति में कविता स्वयं विस्तृत होती जाती है। समय की स्वीकृति में लोक घुलमिल जाता है तो वह स्वविकसित विस्तृति का परिचय देने लगता है। निरन्तर विकासशील समय ही ऐसी कविताओं में प्राप्त होता है। यह समय का वास्तविक रूप है जिसे कविता स्वीकार कर रही है। ऐसे में समय आस्था का रूप धारण करके या जनोन्मुखता का रूप धारण करके अवतरित हो सकता है। समय की स्वत्वाधिष्ठित परिकल्पना समकालीन कविता को बहुआयामिता प्रदान करती है। इसकी अपनी सामाजिकी है तो उसकी अपनी निराली आध्यात्मिकता भी है। इसे भारतीय दृष्टि भी कही जा सकती है। अपने को अलग करके देखने के बावजूद प्रपंच के अविभाज्य घटक मानने की इच्छा, शान्ति का अनुभव करते रहते समय भी प्रापंचिक स्वत्व से जुड़ने की अशान्ति भी इसमें रहती है। यहाँ पर समय कहीं भी जड़ नहीं होता है। वह प्रवाहमान है और गतिशील भी रहता है। समय की इस प्रवाहमयता को देसी आधुनिकता की मनुष्योन्मुखता के रूप देखना उचित होगा।

इस व्यापक पृष्ठभूमि में केदारनाथ सिंह की कविता में समय की स्वीकृति को देखना प्रीतिप्रद लगता है। नई कविता से समकालीन कविता तक पहुँचते-पहुँचते

केदारनाथ सिंह की कविता अधिकाधिक परिनिष्ठित और परिपक्व होती गई। यथार्थता या अतियथार्थता के साथ-साथ उदात्तता की मनोभूमि भी उनमें परिलक्षित होती है। यह उदात्तता आदर्शोन्मुखता का पर्यायवाची बनकर उपस्थित नहीं हो रही है। मनुष्य की उदात्तता को, जिसके वे सदैव पक्षधर रहे हैं, अन्तःस्फुरण की तरह उनकी कविता में उत्फुल्लित होती दिखती है। बहरहाल केदारनाथ सिंह की कविता में जो समय है उसे समय के इतिहास के प्रकरण में तथा समय की संस्कृति के प्रकरण में देखना-समझना बेहतर प्रतीत होता है।

केदारनाथ सिंह की आरम्भिक कविताओं में एक है, 'एक पारिवारिक प्रश्न'। इस कविता में जो द्विधात्मक स्थिति व्यंजित है उसे उनकी समय-स्वीकृति के प्रसंग में भी देखा जा सकता है। माँ और पिता की कृत्यनिष्ठा उन्हें अपनी परिधि से जोड़ती है। उनका समय पूर्वनिर्धारित है। इसलिए उनमें द्विधा की कोई समस्या नहीं है। उनमें समय की सीधी स्वीकृति है। कविता में व्यंजित द्विधात्मक स्थिति कवि की समय निर्धारण की चिन्ता को ही व्यक्त कर रही है—

छोटे-से आँगन में
माँ ने लगाए हैं
तुलसी के बिरवे दो।
पिता ने उगाया है
बरगद छतनार!
मैं अपना नन्हा गुलाब
कहाँ रोप दूँ!
मुट्ठी में प्रश्न लिये
दौड़ रहा हूँ वन-वन
पर्वत-पर्वत
रेती-रेती
बेकार...!

माँ और पिता की भूमिकाएँ अब समाप्त हैं। एक ने तुलसी के बिरवे लगाए हैं। उनकी अपनी आस्था का वह प्रतिफलन है। पिता ने उगाए हैं बरगद का पौधा जो आगे चलकर छतनार वृक्ष में परिणत होगा। प्रयोजनीयता का यह अलग-खासा उदाहरण है। लेकिन कवि की समस्या है कि उनके लिए जगह नहीं है। उनके

पास एक नन्हे गुलाब का पौधा है। उसके प्रति आस्था है तो सौन्दर्य सम्बन्धी है। यदि उसकी प्रयोजनीयता की बात की जाए तो गुलाब की महकती गन्ध ही है। दोनों सौन्दर्य के ही निदान हैं। प्रकटतः सौन्दर्य का समय के साथ सम्बन्ध नहीं है। सौन्दर्य-दृष्टि से समय का सम्बन्ध दृढ़ है। सूरदास ने अपनी कृष्ण-परिकल्पना के माध्यम से गोपियों के द्वारा सौन्दर्य-दृष्टि का एक समय-बोध सृजित किया है। वह वृन्दावन का समय नहीं है। वह गोपियों की मनोकामनाओं का समय है जो एक स्वाधीन दृष्टि से उत्पन्न है। इस कारण से ही कई लोक मर्यादाओं का उल्लंघन वहाँ दिखाई देता है। उसी प्रकार मीरा के पदों में भी नई सौन्दर्य-दृष्टि का, कॉस्मिक नृत्य का सौन्दर्यात्मक समय आच्छादित मिलता है। वह राणा के राजकीय प्रभुत्ववादी समय से भिन्न है। उसमें भी स्वाधीनता के एक सशक्त समय का संकेत हमें मिलता है। कविता में सौन्दर्य-दृष्टि के प्रतिपादन के माध्यम से कवि समय को नए ढंग से सृजित करते हैं। यहाँ पर केदारनाथ सिंह की सौन्दर्य-दृष्टि प्रयोजनवादी समय के आगे सुनिश्चित दिशा की ओर अग्रसर है। इसलिए कवि अपने नन्हे-से गुलाब का फूल लेकर वन-वन, पहाड़-पहाड़ और रेती-रेती दौड़ रहे हैं। एक तो उन्हें गुलाब के पौधे लगाने के लिए जगह नहीं मिल रही है और दूसरी बात कि भटकते रहने पर भी वे जगह सुनिश्चित नहीं कर पा रहे हैं। कवि-मन अपने सौन्दर्य के प्रतीक को सही समय में चिह्नित करना चाहता है। यहाँ समय की संस्कृति की बात उभरती है। प्रयोजनीयता की व्यावहारिकता और सौन्दर्य-दृष्टि की कुलीनता की जीवनधर्मिता का द्वन्द्व इस कविता में अंकित है। व्यावहारिकता के सामने जीवनधर्मिता की कुलीनता टिक नहीं सकती है। अतः समय की संस्कृति का कुपाठ ही अधिक होता रहता है। समय को जटिल समय में बदलने की कूटनीति का संकेत भी यहाँ मिलता है। समय का यह विचलन दरअसल कविता का मुख्य ध्वनि-केन्द्र है।

'जमीन पक रही है' शीर्षक संकलन की 'रोटी' शीर्षक कविता में समय के एक सीमित 'स्पेस' को दिखाया गया है। वह है रसोई। रोटी जो बन रही है और रोटी जो पक रही है इन दोनों के बीच का निश्चित समय कविता में आया है। यह कविता के यथार्थ के साथ जुड़ा हुआ समय है—

मैं सिर्फ आप को आमंत्रित करूँगा
कि आप आएँ और मेरे साथ सीधे

उस आग तक चलें
उस चूल्हे तक—जहाँ वह पक रही है

इस दृश्यात्मकता में समय का साधारण यथार्थ ही शब्दबद्ध है। आगे की पंक्तियों में समय सामान्य यथार्थ की सीमा को तोड़कर बढ़ता दिखाई दे रहा है। यहाँ पर केदारनाथ सिंह ने दृश्यों को चमत्कारपूर्ण बनाकर समय को भी व्यापक बनाने का कार्य किया है। समय का यथार्थ समय के अति यथार्थ तक बढ़ता दिखाई देता है—

एक अनुभूत ताप और गरिमा के साथ
समूची आग को गन्ध में बदलती हुई
दुनिया की सबसे आश्चर्यजनक चीज़
वह पक रही है
और पकना
लौटना नहीं जड़ों की ओर
वह आगे बढ़ रही है
धीरे-धीरे
झपट्टा मारने को तैयार
वह आगे बढ़ रही है।

सवाल यही है कि क्या वह आगे बढ़ रही है? स्पष्ट है कि कविता में समय का यथार्थ ही आगे बढ़ रहा है। यह हमारा अपना समय है जिसे कवि ने रोटी के साथ जोड़ दिया है। इस कविता में जब रोटी एक खाद्य वस्तु मात्र नहीं है तो रोटी का पूरा गणित इसमें संकेतित है। रोटी की राजनीति भी इसमें परत-दर-परत खुलती जा रही है। सीमित स्पेस में कविता के समय का विस्तृत होना स्वाभाविक ही लगता है। कवि का संकेत है कि उसकी गरमाहट पहुँच रही है आदमी की नींद और विचारों तक। इस एक संकेत में कविता के समय का विस्तृत होना भी चिह्नित है। इस संकेत से हम चाहें तो रोटी का इतिहास तैयार कर सकते हैं। इतिहास के साथ समय की सम्बद्धता भी यहाँ विचारणीय होती है। इस समय-सम्बद्धता के कई पक्ष हैं। इसे एकवचन में समझा नहीं जा सकता। इतिहास में भूख से जुड़े असंख्य अध्याय उपलब्ध हो सकते हैं। भूख वैसे एक सहज एवं स्वाभाविक सामाजिक

परिणति नहीं है। वह समाज की कृत्रिम निर्मिति है जो इतिहास में कालान्तर में स्थान ग्रहण करती है। इसमें समय का विस्तार तनाव सहित प्रस्तुत होता है। उस तनाव को समय की विस्तृति के साथ कवि ने प्रस्तुत किया है—

आप विश्वास करें
मैं कविता नहीं कर रहा
सिर्फ आग की ओर इशारा कर रहा हूँ
वह पक रही है
और आप देखेंगे—यह भूख के बारे में
आग का बयान है
जो दीवारों पर लिखा जा रहा है।

कविता के ध्वनि-पक्ष के आस्वादन के लिए उसकी समय-सन्निहिति की समझ अनिवार्य है। थल और काल की निरन्तरता (स्पेस-टाइप कंटिन्युम) का एक सूक्ष्मतम पक्ष कविता को सघन बताता रहता है। यही नहीं कि आस्वाद के अवसर पर हमारी संवेदना को गतिशील भी बनाता है। कविता की संरचनात्मक यात्रा को तथा हमारी आस्वादनपरक यात्रा या हमारी संवेदना की यात्रा को समय का यही पक्ष सार्थकता प्रदान करता है। यह कविता की बात ही नहीं है। चित्रकला में भी समय-सन्निहिति अकसर विचारणीय होती है। रंगमंच की कला में भी इसकी महत्त्वपूर्ण भूमिका है। कविता का समय-पक्ष केदारनाथ सिंह की कविता में इतिहासबद्धता के साथ ही उपस्थित होता है।

'माँझी का पुल' कविता की समय-निबद्धता एकरैखिक नहीं है। इस कविता में समय का एक जटिल संकुल दिखाई पड़ता है। इसका मुख्य कारण कविता का यथार्थ बीच-बीच में जादुई यथार्थ में परिवर्तित होता है। जादुई यथार्थ के भीतर का समय कतई एकरैखिक नहीं हो सकता है। 'माँझी का पुल' अपने असाधारणत्व के साथ प्रस्तुत होता है—

यह सर्दियों के शुरू के दिन थे
जब पूरब के आसमान में
सारसों के झुंड की तरह डैने पसारे हुए
धीरे-धीरे उड़ता है माँझी का पुल

यह पुल की चमत्कारपूर्ण प्रस्तुति है जो अतियथार्थ के सन्निकट की है। सालवदोर दाली के चित्र की तरह एक पुल सारसों के झुंड के साथ उड़ता दिखता है। पुल की चमत्कारिकता बढ़ती रहती है। गाँव के लोग नहीं जानते कि यह पुल कब का बना है। पुल के पाये को लेकर भी मतभेद हैं। उन्नीस से लेकर तेईस-चौबीस तक गिनती चली जाती है। इस तरह पुल की निर्माण-कथा से भी गाँव वाले अनभिज्ञ हैं। जब इन प्रसंगों में कविता के समय के बारे में विचार करते हैं तो दो प्रकार के समय से हमारा सामना होता है। एक, पुल से सम्बन्धित सामान्य समय, दो उसके चमत्कार से सम्बन्धित चमत्कारी समय। इन दोनों के बीच समय की आवाजाही होती रहती है। लेकिन कवि ने गाँववालों की अनभिज्ञता के साथ एक अदृश्य समय को जोड़ा है। वह पुल के निर्माण की अदृश्यता केन्द्रित है। उपनिवेशवादी दौर की यह एक निर्मिति है। उपनिवेशवादी समय कविता में संकेतों के माध्यम से चिह्नित है—

ऐसा क्यों होता है कि रात की आखिरी गाड़ी
जब माँझी के पुल की पटरियों पर चढ़ती है
तो गहरी नींद में भी
मेरी बस्ती का हर आदमी हिलने लगता है

इस एक संकेत के ज़रिये केदारनाथ सिंह ने एक व्यापक समय को कविता में संगुम्फित करने का कार्य किया है। उपनिवेशवाद ने अपनी सुविधा के लिए पुल बनाया और भी कई चीज़ें बनाईं। वह एक ऐसा अयाचित-सा समय है जिससे यहाँ रहनेवाले लोग अनजान हैं। चमत्कारों के जरिए कविता में जो वातावरण सृजित किया गया है वह उस समय की भीषणता को दर्शाने के लिए है। कई-कई चीज़ें बनती जा रही हैं। उनके माध्यम से एक बड़े साम्राज्य की जड़ें दृढ़तर होती जा रही हैं। उनके दृढ़तर होते जाने के समानान्तर यहाँ के निवासियों का आत्मनिर्वासित जीवन कठिन होता जा रहा है। कविता में उपनिवेशवादी समय और आत्मनिर्वासित समय के द्वन्द्व को कवि ने अपनी भाषा की सपाटता में छिपी सूक्ष्मतम मौनावस्था के माध्यम से स्पष्ट किया है।

कविता जब आगे बढ़ती है तो एक महत्त्वपूर्ण सवाल कवि पूछ रहे हैं—

एक गहरी बेचैनी के बाद
मैंने कई बार सोचा है माँझी के पुल में

कहाँ है माँझी?
कहाँ है उसकी नाव?
क्या तुम ठीक उसी जगह उँगली रख सकते हो
जहाँ एक पुल में छिपी रहती नाव?

माँझी और उसकी नाँव का अपना समय है। भले ही यह समय अतीतकालीन है फिर भी वह जीवन्त है। गाँव के जीवन की गतिशीलता से इस समय का गाढ़ा सम्बन्ध है। माँझी के जीवन का समय और उसकी नाँव का भी समय है। पर वह समय लुप्त हो चुका है। इसलिए कवि का प्रश्न कई अर्थछवियों से युक्त है—"क्या तुम ठीक उस जगह उँगली रख सकते हो जहाँ एक पुल में छिपी रहती है नाव?" उस समय को निर्धारित कर पाना मुश्किल है। उपनिवेशवाद ने सुविधावादी आधुनिकीकरण के ज़रिये आम लोगों के कई-कई छोटे-छोटे धन्धों को चौपट कर दिया। सुविधावादी चमक के सामने इन धन्धों का चौपट होना विचारणीय ही नहीं बना। उन तबकों का जीवन ही नहीं बल्कि उनका पूरा समय इतिहास से लुप्त हो चला। केदारनाथ सिंह के प्रश्न में बृहत्तर समय समाविष्ट होता नज़र आ रहा है। जो समय लुप्त हो चला है उसको फिर से जगाने का कार्य ही वे कर रहे हैं। अतः वे एक और प्रश्न कर रहे हैं—

मैं खुद से पूछता हूँ
कौन बड़ा है
यह जो नदी पर खड़ा है माँझी का पुल
या वह जो टँगा है लोगों के अन्दर

जीवन के और समय के एक बहुत बड़े सच को स्मृतिभ्रंश के खाते में आसानी से डाल देनेवाला उपनिवेशवादी समय माँझी के पुल के रूप में कविता में मिलता है। वह शोषण का रूपक भी है। एक माँझी का पुल है जो इस उपनिवेश की देन है। लेकिन एक और माँझी का पुल है जो माँझी अपनी नाव के ज़रिये लोगों की आवाजाही को आसान कर देता था। उस आत्मीय समय को, उस जीविका के समय को लुप्त करनेवाले पुल से अधिक माँझी के पुल को लोग पसन्द करते हैं। कवि इसलिए पूछ रहे हैं—

मेरी बस्ती के लोग अकसर पूछते हैं
माँझी के पुल से कितनी दूर है
माँझी का पुल?

अलग-अलग समयों के अतिसूक्ष्म वृत्तान्तों से होकर उनकी कविता विकसित हो रही है। अत: कविता में समय-स्वीकृति उसकी बहिरंग परत तक सीमित कवितात्मकता नहीं है। समय की प्रवाहमयता कविता को सूक्ष्मदर्शी बना देनेवाली प्रवृत्ति है जो केदारनाथ सिंह की कविता में अकसर मिलती है।

'सन 47 को याद करते हुए' शीर्षक कविता, जो कवि के 'यहाँ से देखो' संकलन की है, की समय-स्वीकृति वर्तमान में अतीत की ओर संकेत करती है। कविता की पहली पंक्ति में ही उस तरफ इशारा है—'तुम्हें नूर मिया की याद है केदारनाथ सिंह'। नूर मियाँ का रूप-रंग, उसका धन्धा, सबसे अन्त में थके-हारे लौटनेवाला, मदरसा, इमली का पेड़, इमामबाड़ा आदि अतीत के समय को मुखर करने में सहायक हैं। उसी अतीत के समय को छेदकर कवि एक सवाल कर रहे हैं—

कि एक दिन अचानक तुम्हारी बस्ती को छोड़कर
क्यों चले गए थे नूर मियाँ
क्या तुम्हें पता है
इस समय वे कहाँ हैं
ढाका
या मुलतान में
क्या तुम बता सकते हो

अतीत का समय अनेक छिद्रों से भरा है। उनसे कवि एक नए समय को देख रहे हैं। इतने पर भी उनके प्रश्न अनुत्तरित ही रहते हैं। यहाँ प्रश्नों का अनुत्तरित होना एक और समय का सृजन कर रहा है। नूर मियाँ कहाँ गया होगा? ऐसे अनेकानेक प्रश्नों के माध्यम से केदारनाथ सिंह ने अपनी कविता में समय की निगूढ़ता सृजित की है जिसके अन्तर्गत कई-कई लोगों के लापता होने के किस्से भरे पड़े हैं। इस क्रूर समय की यह भी एक प्रवृत्ति है कि इसमें इनसानों को मवेशियों की तरह देखा गया है। इनसान में निहित हैवान आसानी से सामने आने लगे। जीवन के अर्थ ढूँढ़ने का यह समय नहीं था बल्कि जीवन की तबाही का समय था। इस समय से होकर कविता यात्रा कर रही है। कविता के अन्त में एक और प्रश्न कवि स्वयं अपने से कर रहे हैं जो एक अलग समय सृजित कर रहा है—

तुम चुप क्यों हो केदारनाथ सिंह
क्या तुम्हारा गणित कमज़ोर है

स्वयं से किया गया यह प्रश्न हमारे आज के समय से सम्बन्धित है। अपने समय में खड़े होकर भी हम समय का सामना नहीं कर रहे हैं। कतराने की प्रवृत्ति बढ़ती जा रही है। आत्मव्यंग्य के माध्यम से केदारनाथ सिंह ने समय की होशियारी का पर्दाफाश किया है।

बाज़ारवाद के प्रत्यक्ष एवं परोक्ष आतंक पर समकालीन दौर में बहुसंख्यक कविताएँ लिखी गई हैं। उन सभी कविताओं में बाज़ार का घनघोर समय 'ओक्टोपस' की तरह सबको अपने वश में करता दिखाई देता है। इसमें कोई अतिरंजना भी नहीं है। बाजार का समय पूँजीवाद की निर्मिति है। इसलिए वह कुछ प्रदेश विशेषों तक सीमित नहीं है। नवउपनिवेशवाद ने हर किसी चीज़ पर अपनी पकड़ को मज़बूत किया है। उसका वैश्विक रूप प्रकट हो चुका है। उसका बढ़ता हाथ गाँवों और ग्रामीण वस्तुओं तक पहुँच गया है। अतः उसके दो प्रकार के समय हमारे सामने मौजूद हैं। एक, उसके पूँजीवाद पर आधारित समय और दो, हर कहीं पहुँचनेवाला उसके बढ़ते ताकतवर हाथ का समय। केदारनाथ सिंह की कविता 'एक छोटा सा अनुरोध' (अकाल में सारस) बाज़ारवाद की ओर संकेत करनेवाली रचना है। एक शब्दशिल्पी कवि होने के कारण केदारनाथ सिंह ने इस कविता को मुखर नहीं बनाया है। शब्दों की अति मितव्ययिता के माध्यम से, अमुखर ढंग से, बाज़ारवाद संकेतित मात्र हुआ है। कविता का मुखर पक्ष, जिसके साथ कविता के समय का सम्बन्ध है, खेत-खलिहान और धान से सम्बन्धित है। इस कविता-समय को हम कवि की लोकोन्मुखता के साथ भी जोड़ सकते हैं। लोक-दृष्टि का यह समय बाहरी नहीं है बल्कि वह भीतरी है। यही नहीं केदारनाथ सिंह ने लोक के सौन्दर्य से सम्बन्धित पारदर्शी समय को भी कविता में सृजित किया है। मसलन कविता में ये सभी एक के बाद एक होकर अनावृत्त होते हैं। बाज़ार से धान की मंजरियों तक की यात्रा अपनी बहिरंगता में ही सौन्दर्यनिष्ठ है। वह सौन्दर्यनिष्ठ यात्रा, जिसमें कविता-समय अन्तर्भुक्त है, इस प्रकार है—

चावल जरूरी है
जरूरी है आटा दाल नमक पुदीना
पर क्यों न ऐसा हो कि आज शाम
हम सीधे वहाँ पहुँचे
एकदम वहीं

जहाँ चावल
दाना बनने के पहले
सुगन्ध की पीड़ा से छटपटा रहा हो

दाना बनने के पहले सुगन्ध की पीड़ा से छपटाना अनूठे अनुभव की दृश्यात्मकता है। इस तरह हर चीज़ की बहुविध दृश्यात्मकताएँ हैं जिनमें उनका सौन्दर्यनिष्ठ समय तरल वेग से सन्निहित है। कविता में इस सौन्दर्यनिष्ठ समय का हम सीधा अनुभव कर पाएँगे। यह समय का पारदर्शी रूप है। यहाँ कोई अस्पष्टता नहीं है। कविता की इस समय-परिधि में कवि इतना निश्चिन्त है कि वे कह रहे हैं कि यदि हम बिना किसी की मदद से धान की सुगन्ध से बात करेंगे तो वह हमारे स्वास्थ्य के लिए इतना अच्छा है—'रक्त के लिए अच्छा है', 'अच्छा है भूख के लिए', और 'नींद के लिए' भी अच्छा है—कि हम पूरी तरह से निश्चिन्त होकर गुज़ारा कर सकते हैं। यह कवि द्वारा अन्वेषित समय है। लेकिन आगे मात्र एक पंक्ति के ज़रिये वे बाज़ार के दखल का ज़िक्र करते हैं—'बाज़ार न आए बीच में'। बस यही एक पंक्ति है। इस सूचना में बाज़ार का समय प्रकट होता है। वह अधीनस्थ करने की ताकत का समय है। पारदर्शिता को पूरी तरह से नष्ट करने का समय है। सौन्दर्य को समापित करनेवाला समय है। बाज़ार के विस्तार में न जाते हुए भी केदारनाथसिंह उसके समय की भीषणता का सही परिचय दे रहे हैं।

'एक छोटा सा अनुरोध' के साथ वाचन करने योग्य कविता है 'विद्रोह' जो उनके 'सृष्टि पर पहरा' शीर्षक संकलन की है। 'एक छोटा सा अनुरोध' में कवि अनुरोध कर रहे हैं कि एक बार हम बाज़ार न जाकर खेत की ओर सीधे क्यों न चला जाए। धान की मंजरियों तक चलने के अनुरोध करनेवाले कवि अपनी कविता में समय की पारदर्शिता का संकेत भी देते हैं। उनकी कविता 'विद्रोह' में उनकी ही अपनी कई चीज़ों का विद्रोह है जिसमें ये अपने मूल तक जाने को बेसब्री से इन्तज़ार कर रहे हैं। कवि का आना-भर बाकी है। सबसे पहले बिस्तर विद्रोह के शब्द बुलन्द करती है—

यह रहा मेरा इस्तिफा
मैं अपने कपास के भीतर
वापस जाना चाहता हूँ

अब कुरसी और मेज़ का संयुक्त मोर्चा तैयार था। वे भी अपने मूल निवास स्थान की ओर प्रस्थान करने के लिए उद्यत हैं—

जी—अब बहुत हो चुका
आपको सहते-सहते
हमें बेतरह याद आ रहे हैं हमारे पेड़
और उसके भीतर का वह जिन्दा द्रव
जिसकी हत्या कर दी है आपने

अपने पेड़ और उनके भीतर के जिन्दा-द्रव की ओर जाने की इच्छा एक तरह की जिजीविषा ही है। उसकी हत्या मनुष्य ने ही की है।

अलमारी में बन्द किताबें चिल्ला रही थीं मानो उन्हें कुछ ज्यादा ही जल्दबाजी है अपने मूल तक पहुँचने की—

खोल दो-हमें खोल दो
हम जाना चाहती हैं अपने बाँस के जंगल
और मिलना चाहती है
अपने बिछुओं के डंक
और साँपों के चुम्बन से

किताबें अपनी वापसी के लिए तैयार हैं। उनकी गृहातुरता भी बेमिसाल है कि बाँसों के जंगल के बिच्छुओं के डंक और साँपों के चुबन के प्रति वे आकृष्ट हैं। सबसे ज्यादा नाराज थी शाल जिसे कवि ने कुछ दिन पहले ही कुल्लू से खरीदा था—

बोली—साहब!
आप तो बड़े साहब निकले
मेरा दुम्बा भेंड़ा मुझे कब से पुकार रहा है
और आप हैं कि अपनी देह की कैद में
लपेटे हुए हैं मुझे

आदमी के जेल से मुक्त होने की इच्छा प्रकट करनेवाली चीज़ों को कवि ने कविता में प्रस्तुत किया है। अपने वर्तमान समय अपने भूत काल की ओर

लौटने की इच्छा ही यहाँ प्रकट हुई है। 'एक छोटा सा अनुरोध' में कवि खेतों की ओर आने के लिए निमंत्रण दे रहे हैं और वहाँ की चीज़ों के समय में सौन्दर्य का अनुभव करने का अनुरोध भी करते हैं। मनुष्य का लौटना इसमें प्रतीतिप्रद बनाया गया है। 'विद्रोह' में आधुनिक जीवन की साधन-सामग्रियों का लौटना दिखाया गया है। दोनों में अपना मूल मुख्य दीखता है। दोनों कविताओं में बाज़ार का प्रभाव भी दिखाया गया है। बाज़ार का समय दोनों कविताओं में सक्रिय है। उसकी सक्रियता के विरोध में मूल कृषि-संस्कृति के पारदर्शी समय को तथा अपनी-अपनी जगह लौटने की इच्छा में निहित अपनी स्वाधीनता के समय को ये कविताएँ सख्ती से दर्ज कर रही हैं।

उपर्युक्त दो कविताओं के साथ विचारणीय है उनकी 'देश और घर' नामक छोटी कविता जो उनके 'सृष्टि पर पहरा' संकलन की है। भाषा द्वारा सृजित समय इस कविता के केन्द्र में मौजूद है। हमारे अस्तित्व का तर्क भाषा में हम ढूँढ़ पाएँगे। कारण यह है कि भाषा हमारे 'स्व' की अभिव्यक्ति है। केदारनाथ सिंह दो भाषाओं के जीवित कवि हैं। एक, उनकी बोली, जिसमें उनका लोक समाया हुआ है, भोजपुरी और दो, हिन्दी जिसमें उनकी लेखनी और अभिव्यक्ति स्वाधीन अनुभव करती है। भाषा के इन दो रूपों को उन्होंने 'देश' और 'घर' के रूप में देखा है। अपनी अभिव्यक्ति का समय 'देश' में प्रकट होता है और उनकी आत्मीयता का लोक 'घर' में प्रकट है। दोनों समयों में स्वाधीनता का पक्ष ही प्रबल है—

हिन्दी मेरा देश है
भोजपुरी मेरा घर
घर से निकलता हूँ
तो चला जाता हूँ देश में
देश से छुट्टी मिलती है
तो लौट आता हूँ घर

केदारनाथ सिंह की इस छोटी कविता में 'देश' विस्तृत समय का रूपक खड़ा करता है। एक व्यक्ति के नागरिक होने की भूमिका इसी समय में अधिकाधिक फलीभूत होती है। 'घर' एक आत्मीय स्पेस है जिसका समय कम लोगों के बीच बँटा हुआ है। 'देश' में हिन्दी का प्रयोग होता है जिसका उपयोग कई लोग करते हैं। हिन्दी देश में रहते वक्त समय निरन्तर विकसित होता रहता है। 'घर' में रहते वक्त

भोजपुरी का प्रयोग होता है। इसलिए 'घर' और 'भोजपुरी' को कवि ने आत्मीयता के रूपक के रूप में देखा है और आत्मसात किया है। 'घर' का या भोजपुरी का समय एक कवि के अपने आत्मपक्ष से सम्बन्धित है जबकि 'देश' और हिन्दी का समय कवि के तथा अपनी कविता के आत्मविस्तार का रूपक है। इन दोनों की पारस्परिकता पर भी कवि प्रकाश डाल रहे हैं। अतः कहा जा सकता है कि आत्मपक्ष के समय और आत्मविस्तार के समय के बीच आवाजाही होते रहने से कविता का समय निरन्तर विकासमान रहता है।

'तालस्ताय और साइकिल' संकलन की कविता है 'बुद्ध से'। केदारनाथ सिंह की कविताओं में बुद्ध मानो जीवित प्रतीत होता है और संकट के समय कवि बुद्ध से संवाद करते हैं। यह संवाद औपचारिक न होकर आत्मीय अधिक है। 'बुद्ध से' शीर्षक कविता में समय के कई परिदृश्य खुलते नज़र आ रहे हैं। सबसे पहले उन्होंने चारों ओर फैले घने कोहरे का ज़िक्र किया है। इसमें समय की वर्तमानता ही स्पष्ट होती है। लेकिन वे कोहरे की उपस्थिति को पिछली सदी से मान रहे हैं यानी समय पीछे की ओर चले जा रहे हैं। उन्होंने इस कोहरे को अपनी माँ की आँखों में देखा है। पुनः कवि माँ के माध्यम से समय के पीछे की ओर जाने का संकेत दे रहे हैं। वे लिखते हैं—

इस कोहरे को एक दिन मैंने माँ की आँखों में
देखा था भन्ते
कल वह नब्बे की हो गई
और उसका बेटा मैं पैंसठ की ओर बढ़ रहा हूँ
कुछ ऐसा है भन्ते कि पिछले कुछ दिनों से
उसे जब भी देखता हूँ
लगता है थेरीगाथा की वे सबसे बेचैन करनेवाली पंक्तियाँ
उसी ने लिखी थीं
हालाँकि थेरीगाथा को वह बिलकुल नहीं जानती

कोहरे के आच्छादन का जो समय कविता में आया है वह जीवन की असंख्य विडम्बनाओं का है। उस कोहरे को माँ की आँखों में देखने की बात कवि ने कही है जिससे उसका समय-विस्तार स्पष्ट होता है क्योंकि वह नब्बे की हो गई है, तकरीबन एक शताब्दी से या उससे ज्यादा समय से यह कोहरा छाया हुआ है और

हटने का नाम नहीं ले रहा है। कवि ने फिर से समय को पुन:सृजित किया है और वे लिख रहे हैं कि थेरीगाथा की सबसे बेचैन करनेवाली पंक्तियाँ उनकी माँ ने ही लिखी हैं—साथ ही वे यह भी लिख रहे हैं कि थेरीगाथा से माँ पूरी तरह से अनजान हैं। झूठ और सच, यथार्थ और कल्पना का यह जोड़-तोड़ कविता में निर्णीत समय को गहराने में सहायक है। थेरीगाथा जो बौद्ध भिक्षुणियों की स्वाधीनता की अभिव्यक्ति रही है यानी स्त्री की स्वाधीनता से सम्बन्धित है और उस स्वाधीनता को माँ में देखना और तुरन्त उसको झुठलाते हुए समय के वैरुद्ध्य को प्रतिफलित करने में कवि सफल हुए हैं।

उसकी झुर्रियों को देखकर लगता तो यह भी है
कि एक शाम जब आप जेतबन से लौट रहे थे
तो उस छोटे-से पुरवे में वह मेरी माँ ही थी
जिसने आपको भेड़ का दूध और ज्वार की रोटी
खिलाई थी
यह मेरा भ्रम भी हो सकता है
पर कई बार लगता है
इस भ्रम में ज़रा सा इतिहास
कहीं सटा है जरूर

एक भ्रम कल्पना के ज़रिये समय के अनेक मोड़ केदारनाथ सिंह कविता में उपस्थित कर रहे हैं। समय के इस विस्तार में विडम्बनाओं का विस्तार ही हम अनुभव कर पाते हैं। कवि ने सारानाथ की दु:स्थिति का तथा अंगुलिमाल के छुट्टा घूमने का संकेत किया है। प्राचीन समय और आधुनिक समय को एक साथ पिरोकर कवि ने विघटित मूल्यों की ओर हमारा ध्यान आकृष्ट किया है।

जाति केन्द्रित सामाजिकी और तज्जन्य मानसिकता को कवि ने व्याधि के रूप में देखा है। जाति हीन समाज के लिए जीवन व्यतीत करनेवाले बुद्ध के समय में उसका अन्त नहीं हुआ। बुद्ध का समय और बुद्ध की दार्शनिक दृष्टि इस मायने में निश्चल ही रहा। जातिप्रथा का रोग बढ़ता ही गया। इस ओर बुद्ध का ध्यान आकृष्ट करने के लिए कवि का कहना है—

और अब नाम की बात आई
तो अपनी एक व्याधि का ज़िक्र करूँ

और वह यह कि मेरा नाम केदारनाथ सिंह
और मेरा पड़ोसी का कोई शर्मा
और उसके मित्र का कोई गुप्त
निवेदन है भन्ते कि मैं तंग आ चुका हूँ—
इस सिंह और शर्मा और गुप्त और प्रकट से

जिस कोहरे का उल्लेख कविता के आरम्भ में कवि ने किया है वह पिछली कई शताब्दियों से चला आ रहा है और उसके कई बिगड़े हुए रूप आज भी हमारे बीच मौजूद हैं जिनमें से एक है जाति केन्द्रित सामाजिक संस्कार। हमारा नागरिक-बोध इस बात को लेकर मौन है। कविता में समय की यह स्वीकृति, जो पूरी तरह से विडम्बनाओं और विसंगतियों से परिपूर्ण है, दृढ़तर होती जा रही है। समय का बाहरी रूप बदला जबकि समय का आन्तरिक रूप बिना बदले पहाड़ की तरह खड़ा है। कवि कह रहे हैं कि तमाम कोशिशों के बावजूद जाति केन्द्रित नज़रिया बदला ही नहीं। मिटने के बजाय वह दृढ़-से-दृढ़तर होता गया। समय का यह अपरिवर्तन हमारी सामाजिकी की सबसे बड़ी त्रासदी है—

मैंने जतन बहुत किए
पर हर बार पाया कि जितना भी धोओ
जितना भी रगड़ो
छूटता ही नहीं है यह त्वचा का दाग?
भन्ते, क्या यह सिर्फ मेरी त्वचा का दाग है?
दुख है
तो उसका निदान भी होगा ही
पर महाभिषग क्या निर्वाण के अलावा
इसका कोई इलाज नहीं?

केदारनाथ सिंह इस कविता में बारीकी से अपने देस और समय को लिख रहे हैं। यह देस और यह समय कई प्रकार की अधिकार केन्द्रीयताओं से घिरे हैं। यहाँ देस सामान्य भौगोलिकता में सिकुड़नेवाला तथ्य नहीं है और समय न सामान्य वर्तमानता से। इन दोनों पर अधिकार का व्यापन अनुभव किया जा सकता है। इसका मूल वर्णाश्रम धर्म तक जाता दिखाई देता है। यह अलग-अलग जातियों का मामूली बँटवारा नहीं। श्रम को इसके साथ जोड़ दिया गया है। श्रमजीवी

मामूली हो गया। कुछ जातियाँ ऊँचे तबके में आ गईं। इस तरह देस और समय भीतर-ही-भीतर बँटते गए, विभाजित होता गया। धन एक जगह इकट्ठा होता गया। हमारी गलत सामाजिकी का यह इतिहास है। जातिवाचक शब्दों के प्रयोग को साधारण अर्थ में नहीं लिया जा सकता है। कवि ने इसे अपनी त्वचा के दाग के रूप में देखा है। वस्तुतः कवि को कुछ और गहरे में जाना था क्योंकि यह व्याधि हमारे रक्त में घुलमिल गया है नासूर की तरह। वस्तुतः यह कविता बुद्ध से कवि का संवाद जैसा है। लेकिन यह समय के साथ कवि का सार्थक संवाद है। एक रुका हुआ समय जो काइयों से भरा है और दुर्गन्ध से भरपूर है। पूरी तरह से निश्चल होने से यह समय बदलने का नाम नहीं ले रहा है। यह उस कोहरे की तरह है कि इतना वह घना है कि कल की तरह यानी पिछली सदी की तरह। समय की इस अस्पृहणीय निरन्तरता में जितना कुछ समेटा जा सकता है उतना कवि ने समेटा है एक सघन कविता के लिए इतना अनिवार्य है।

'बुद्ध की मुस्कान' समय की अपरिभाषेय स्थिति को ध्वनिक्षमता के साथ अभिव्यक्त करनेवाली कविता है। यह कविता पोकरण बम-विस्फोट से सम्बन्धित है। अतः इसमें हमारा वर्तमान समय ही चिह्नित है। इसमें कवि अपने एक वृद्ध कवि-मित्र से मिलने जाते हैं और वृद्ध कवि बम-विस्फोट की घटना से तनावग्रस्त हैं। वृद्ध कवि की परेशानी को जिन शब्दों से प्रस्तुत किया गया है उसमें समय को पीछे की तरफ स्थगित दिखाया गया है। वृद्ध कवि का सवाल सीधा-सा है—

सुनो, मेरी समस्या यह है
कि वह कौन सा नियम है भाषा का
जिससे पोकरण में होनेवाला बम-विस्फोट
चुप के से बन गया था बुद्ध की मुस्कान

बुद्ध की मुस्कान राजतंत्र की कूट भाषा है। राजतंत्र ने ध्वंस के लिए इस कूटभाषा का प्रयोग किया है। इसे वृद्ध कवि 'भाषा का सरासर ध्वंस' मान रहे हैं, जो सही भी है। अपनी चिन्तित अवस्था में भी, तनाव से घिरे हुए होने पर भी वृद्ध कवि अपनी दीवार पर टकराती एक तितली को देखकर खुशी से चीख उठते हैं। कवि को सम्भवतः लगा होगा कि विस्फोट का विरोध किया जा रहा है। समय की अराजकता के विरुद्ध तितली का विरोध वृद्ध कवि का ही विरोध

है। भाषा का ध्वंस संस्कृति का ध्वंस है। यह समय की शालीनता का ध्वंस है। गणतंत्र ने न जाने कितने कूट शब्दों से भाषा और समय के शालीन भंडार में भर दिया है। अतः कवि की प्रतिक्रिया उस समय को बचाने की इच्छा का एक सशक्त संकेत है—

कि अचानक ख़ुशी से चीख उठा वह—
वो देखो—वो देखो
उन परों का हिलना भी
एक छोटा सा विस्फोट है
दुनिया के सारे विस्फोटों के ख़िलाफ

केदारनाथ सिंह इस कविता के अन्त में उपर्युक्त दृश्य को, जिसमें समय का एक शालीन पक्ष सुरक्षित है, दुहरा रहे हैं। उनके मन में वृद्ध कवि और अपने परों से दीवार से टकराती तितली ही जीवन्त हैं। पोकरण के बम-विस्फोट के हादसे से किस तरह की चिन्ताएँ मन को अपनी गिरफ्त में ले सकती हैं उसके बदले तितली के टकराने के दृश्य में कवि-मन मग्न है। इस दृश्य को कवि एक लघु मानव के समय के साथ जोड़कर देख रहे हैं।

'बुद्ध की मुस्कान' में जिस लघु मानव (तितली के रूपक के ज़रिये) के संघर्ष को दिखाया है उसके साथ तुलनीय एक छोटी सी कविता केदारनाथ सिंह की है, 'दो ज़िद्दी बेचैन बूढ़ी आँखें', जो उनकी उतनी चर्चित कविता नहीं है। फिर भी लघुता के सौन्दर्य को तथा लघुमानव के समय को कवि ने इसमें ताने-बाने के रूप में पिरो दिया है। कविता इस प्रकार है—

वे आज भी उसी तरह ख़ुली है
अपनी गली के मोड़ पर
जब भी उन्हें देखता हूँ
श्रद्धा से झुककर निकल जाता हूँ आगे
उन्हें अब भी उम्मीद है
कि एक दिन अचानक
बदल जाएगी दुनिया
जैसे चीनी लोक कथा में
एक मरी हुई तितली

सहसा बदल गई थी
जलती मोम बत्ती में!

मुक्तिबोध ने अपनी एक कविता में हमारी अपरिवर्तित सामाजिकी की चिन्ता यों व्यक्त की है—

समस्या एक
मेरे सभ्य नगरों और ग्रामों में
सभी मानव
सुखी और सुन्दर व शोषण मुक्त
कब होंगे

समय की विलम्बित गति और उसकी जड़ता से मुक्तिबोध अत्यन्त परेशान दीखते हैं। लेकिन केदारनाथ सिंह की कविता में उम्मीद की किरणें तरोताज़ा हैं। उन बूढ़ी आँखों में अब भी उम्मीद की रोशनी है और वे यह मान रही हैं कि 'एक दिन अचानक बदल जाएगी दुनिया'। जड़ता खत्म हो जाएगी। अपरिवर्तन परिवर्तन में तब्दील होगा। गतिहीनता गतिशीलता में बदल जाएगी। मुक्तिबोध की चिन्ता अपनी जगह जायज है। उसे जब हम अपने समय के विस्तार तक ले आते हैं तो उनकी चिन्ता सही जगह पर ही व्यक्त की गई है। लेकिन चिन्ता के साथ-साथ उम्मीद भी एक प्रतिक्रिया है जिसको केदारनाथ सिंह एक वृद्ध की आँखों में देखते हैं और हर रोज़ उन्हें प्रणाम करके आगे बढ़ते हैं।

'बुद्ध की मुस्कान' के वृद्ध कवि और 'दो ज़िद्दी बेचैन बूढ़ी आँखें' में जो वृद्ध व्यक्ति हैं, दोनों में कोई फर्क नहीं है। दोनों मामूली प्रयासों को महत्त्वपूर्ण मानते हैं। विरोध चाहे ताकतवर शक्ति का ही क्यों न हो उनके लिए एक तितली के पर का हिलना और दीवार से टकराना एक सही प्रतिक्रिया है। उसी प्रकार दूसरी कविता में उम्मीद की जो रोशनी दिखाई देती है वह भी एक सही प्रतिक्रिया है। समय के ध्वंस के विरुद्ध समय से ही उद्भूत अनूठी शक्ति।

स्मृतियों की चाबी से समय के पिटारे को खोला जा सकता है। समय की भिन्न-भिन्न परतों में स्मृतियाँ, पुरानी और नई, भरी पड़ी रहती हैं। समय से जुड़ी ये स्मृतियाँ मनुष्य को नए रास्ते ढूँढ़ने में सहायक होती हैं। अपने भीतर झाँकने के लिए भी स्मृतियों की भूमिका रहती है। स्व-विश्लेषण के लिए स्मृतियों की ज़रूरत है। जो समय से कटता है उसके पास कोई स्मृति नहीं होती। हमारे जटिल समय में

सबसे बड़ा रोग स्मृति भ्रंश का है। समय की कड़ी कटती जाती है जिसको जोड़ना मुश्किल होता है।

कविता में स्मृतियाँ सही समय की भीतरी यात्रा को सूचित करती हैं। केदारनाथ सिंह की कविता, 'कवि कुम्भनदास के प्रति' सन्त कवि कुम्भनदास की स्मृति है। यहाँ कवि अपनी स्मृतियों की चाबी से कुम्भनदास के समय को, उनके जीवित समय को, खोल रहे हैं। कविता में कुम्भनदास का समय खुलता है। अकबर का समय भी खुलता है। अकबर ने कुम्भनदास को सीकरी आने का निमंत्रण दिया था। सत्ता से कवि के लिए प्राप्त निमंत्रण एक अलग समय सृजित कर रहा है। कुम्भनदास उस निमंत्रण से उतने आकृष्ट नहीं होते हैं। यह अनाकर्षण, ज़िसमें कवि के स्वत्व का विलयन है, एक अन्य समय का खुलासा है। अधिकारियों के मज़बूर करने पर कवि कुम्भनदास सीकरी पैदल ही चले जाते हैं। कवि की यह यात्रा भी एक समय-परिदृश्य है। सीकरी में रहते समय सम्भवत: कुम्भनदास ने दुखती हुई वह पंक्ति कही थी—'सन्तन को कहाँ सीकरी सों काम'। उस पूरे समय-परिदृश्य को केदारनाथ सिंह इस तरह से प्रस्तुत करते हैं—

कविवर,
धृष्टता क्षमा हो तो पूछूँ—
क्या हुआ था उस दिन?
आखिर एक सन्त कवि को अपनी कुटिया छोड़कर
जाना क्यों पड़ा था सीकरी
कितना समय लगा एक कवि के पैरों को
अपनी कुटिया से चलकर सीकरी तक जाने में
...
क्या हुआ था कविवर
एक कवि की आँखों को
कैसी लगी सीकरी कि उत्तर में फूट पड़ी
हिन्दी की वह सबसे अकेली
दुखती हुई पंक्ति

कवि-मन से होकर की गई इस यात्रा में कुम्भनदास के जीवन का बाहरी समय और उनकी आत्मा की भीतरी यात्रा का अन्तरंग समय एकजुट हो गया है। कवि की

वह प्रसिद्ध पंक्ति कुम्भनदास की आत्मा के समय का उद्घोष है। जिसको केन्द्र में रखकर केदारनाथ सिंह ने यह कविता (कवि कुम्भनदास के प्रति) लिखी है। वस्तुतः उन्होंने समय की सघनता को कविता का प्रमेय बनाया है।

स्मृतियों से खुला हुआ समय कविता में यहीं खत्म होता है। अब कविता समय की वर्तमानता में उपस्थित होती है। उसमें केदारनाथ सिंह और उनका जीवन अपने जटिल समय के साथ सामने आता है। वे सन्तकवि कुम्भनदास से कहते हैं—

सन्त कवि
चलने से पहले नमन स्वीकार हो
दिल्ली से आया हूँ
चाहूँ न चाहूँ
जाना होगा दिल्ली ही
और दिल्ली आज की सीकरी है सन्त प्रवर
तब तो एक थी
अब एक के अन्दर एक
जाने कितनी सीकरियाँ हैं।

कुम्भनदास के समय में एक ही सीकरी थी। जटिल और अधिकार ग्रस्त होते हुए सीकरी का समय आज के समय की तुलना में उतना भीषण नहीं है। अब जिस दिल्ली के साथ कवि का रिश्ता है वह एक नहीं अनेकों सीकरियों का संकुल है जहाँ जाने की इच्छा न होने पर भी मज़बूरी यह है कवि को दिल्ली पहुँचना है। इस मज़बूरी में एक नया समय-परिदृश्य खुलता है जो शतशः समकालीन है। फिर भी सीकरी कालीन समय से भिन्न नहीं है। सीकरी के समय की अपनी हद थी; परन्तु दिल्ली के समय-सी कोई हद ही नहीं है।

केदारनाथ सिंह की कविताओं का समय-परिदृश्य कहीं अतिविस्तृत है तो कहीं अतिसूक्ष्म है। इन दोनों परिदृश्यों में समान रूप से प्राप्त होनेवाला पक्ष दुखानुभव का है। अपने दुखानुभव को भावावेग की स्थिति में उन्होंने प्रस्तुत नहीं किया है। उनकी कविताओं के भिन्न-भिन्न मौन प्रसंगों में, शब्दों के बीच में, संकेतों एवं बिम्बों में दुखानुभवों को अन्दर के उठते आर्तनाद की तरह उन्होंने व्यक्त किया है। ऐसे अवसरों पर उनकी कविता का समय-परिदृश्य पर्याप्त गतिशील होता है। यह कविता के भीतरी अनुभवों की दृश्यात्मकता है।

'बर्लिन की टूटी दीवार को देखकर' जर्मनी के इतिहास से सम्बन्धित कविता है। अतः इसमें इतिहास-समय आद्यन्त दिखाई देता है। अपनी जर्मनी-यात्रा के दौरान बर्लिन की टूटी दीवार को देखकर उन्होंने यह कविता लिखी है। उस यात्रा में भारत तथा पाकिस्तान के भी कुछ कवि शामिल थे। ये कविता के विवरण हैं। केदारनाथ सिंह की विशेषता यह है कि वे विवरण को तुरन्त विराम देकर उसके भीतर प्रवेश करते हैं। वहाँ उन्हें कई दृश्य मिल जाते हैं जिनसे उनका सामना होता है। यहाँ कविता-समय कोहरे से आच्छादित होता है—

यह एक छोटा सा होटल है
जहाँ हम कुछ हिन्द-पाक लेखक
ठहरे हैं साथ-साथ
और हमारे पासपोर्ट चाहे जो कहते हों
यहाँ हममें से हरेक थोड़ा-थोड़ा हिन्दी है थोड़ा-थोड़ा पाक
हम साथ-साथ खाते हैं
पीते हैं साथ-साथ
हँसते-हँसते कभी-कभी हो जाते हैं उदास

इन पंक्तियों में विवरण और कोहराच्छादित समय की अन्विति देखी जा सकती है। दो देशों से निकले कुछ लेखक एक जगह पर एक साथ रहने लगते हैं। इन दोनों देशों के बीच एक कठोर विभाजक रेखा खिंच गई थी और यह देश दो टुकड़ों में बँट गया था। यह एक वास्तविकता है। पर एक अन्य वास्तविकता भी है। वह एक और दूसरे व्यक्ति के बीच कई व्यक्तियों के फासले से सम्बन्धित है। दूसरे और तीसरे व्यक्ति के बीच और कई व्यक्तियों के फासले के किस्से हैं। कहने मात्र से न यह किस्सा खत्म होता है न उसकी वास्तविकता का अन्त। इतिहास में इसका अल्प मात्र उल्लेख मिलता है। उसके यथार्थ को खोजना है तो उस समय-परिदृश्य की बारीकियों में जाना होगा जहाँ अब कई लोग गायब हैं। एक अपनी कविता में केदारनाथ सिंह ने नूर मियाँ के अचानक गायब होने का संकेत किया है। इसलिए हँसते-बतियाते हिन्द-पाक के लेखक अपने भीतर थोड़ा-थोड़ा हिन्द और थोड़ा-थोड़ा पाक महसूस करते हैं। इसका कारण यह है कि वे अपने भूले-बिसरे अतीत में भी जीनेवाले हैं और कठोर वर्तमान में भी। इस कारण से वे बीच-बीच में उदास भी होते हैं।

समय की दृश्यात्मकता कविता में नाटकीयता सृजित करती है। छोटे-छोटे कई दृश्य जब एकजुट होते हैं और उनमें जब पारस्परिकता का सूत्र बँध जाता है तो नाटकीयता का अनुभव होता है। इसे संरचनात्मक प्रयोग के रूप में देखना कविता के प्रति अन्याय होगा। कविता के समय के अन्दर विन्यसित नाटकीयता कविता की अन्दरूनी यात्रा को ही सूचित करती है। केदारनाथ सिंह ने 'बर्लिन की टूटी दीवार को देखकर' शीर्षक कविता में एक घटित घटना के समय को दृश्यों में परिणत करके इस तरह व्यक्त किया है—

वहाँ बाहर
मेरी खिड़की से दिखते हैं
दो वायुयान जैसे दो कबूतर
दो महायुद्ध—वहाँ बेंच पर बैठे
वृद्धों की स्मृति में ठायँ-ठायँ करते हुए
एक ताज़ा चुम्बन किन्हीं होंठों से गिरकर
वहीं घास पर पड़ा हुआ।

युद्ध की विकरालता इन दृश्यों में सुलभ हैं। उस विकरालता के साक्षी हैं वहाँ बेंच पर बैठे वृद्ध दम्पती। गोलियों की बौछार की घनघोर आवाज़ के मध्य वे एक स्मृतिशेष दृश्य को देखते हैं। उनका यौवन जो आवेग त्वरित है। आलिंगन और चुम्बन का अनन्तिम सिलसिला। पर अब वे उस दृश्य के भी साक्षी हैं कि किन्हीं होंठों से गिरा हुआ चुम्बन घास में पड़ा है। एक अतियथार्थवादी चित्र की तरह वह दृश्य हमारा पीछा कर रहा है। वह दृश्य ही नहीं समय का पूरा परिदृश्य घिरा हुआ हम महसूस कर सकते हैं। यह कविता का एक आनुषंगिक दृश्य है। उसका विन्यास इसलिए जरूरी है कि बर्लिन की टूटी दीवार की पृष्ठभूमि को तैयार करने के लिए तथा आगे हमारे देश के बँटवारे की ओर इशारा करने के लिए यह आवश्यक था। इस एक अतियथार्थवादी चित्र के बाद वे एक यथार्थवादी चित्र प्रस्तुत कर रहे हैं। लेकिन इस यथार्थवादी चित्र का समय यथार्थवादी नहीं है। उसमें एक पागल-सी दिखती स्त्री का चक्कर काटना दिखाया गया है। यह दृश्य यथार्थवादी हो सकता है। परन्तु उसकी भटकन और उसकी त्रसित मानसिकता यथार्थ के अनुरूप सरल नहीं है। तब वह एक अति गहन यथार्थ को अंकित करनेवाला दृश्य हो जाता है—

पर मेरी खिड़की से दिखती है
बर्लिन की टूटी दीवार भी
और देखता हूँ कि उसके चारों ओर
लगा रही है चक्कर एक पागल स्त्री
न जाने कब से
कहीं कुछ है कील की तरह
उसकी आत्मा में ठुँका हुआ
कि रुकने ही देता नहीं उसे
और वह बार-बार
आ रही है
जा रही है
उधर से इधर
और इधर से उधर...

इन पंक्तियों में जो दृश्य है वह अनाम दुखों की कथा बता रहा है। वह एक समय भी प्रस्तुत कर रहा है। समय की थपेड़ सहने को बाध्य वह स्त्री पागल हो गई है। पागल स्त्री का बिम्ब दरअसल समय का ही बिम्ब है। हर विभाजन और हर बँटवारे में न जाने कितने बेसहारे हो जाते हैं। पर अफसोस इस बात की है वह असीम दुख कहीं दर्ज नहीं होता है।

बर्लिन की टूटी दीवार के बहाने कवि ने भारत-पाक विभाजन की त्रासदी को भी दिखाया है। अलग-अलग समय, अलग-अलग दृश्य, अलग-अलग आवाज़, अलग-अलग समय के अन्तर्गत विभाजन के चूक-से गए समय हैं, अलग-अलग दृश्य के अन्तर्गत पागल औरत है और शायर अहमद फराज़ की ग़ज़ल प्रस्तुति है, अलग-अलग आवाज़ के अन्तर्गत उस पागल औरत की चीख और कई अनाम स्त्रियों की चीख है। ये सभी एक 'कोलाज़' की तरह कविता में अंकित हैं। इसलिए अहमद फराज़ की गजल प्रस्तुति में मग्न होने के बावजूद कवि के सामने चक्कर काटती औरत है। क्योंकि वह अनन्तिम व्यथा के प्रतीक के रूप में आती है। कवि लिखते हैं—

पर मेरी आँखें खिड़की के पार
बर्लिन की उस टूटी दीवार पर टिकी हैं

जहाँ वह पागल स्त्री ग़ज़ल को चीरती हुई
लगाए जा रही है अब भी चक्कर पर चक्कर...

यह अनन्तिम भटकन स्त्री तक सीमित नहीं है। वह हमारे समय के प्रसार तक व्याप्त है। इसलिए प्रत्येक संवेदनशील व्यक्ति के हृदय को ये घटनाएँ व्यक्त कर देती हैं। केदारनाथ सिंह की कविता में चलचित्र के दृश्यों की तरह, समय प्रवाह के ऊबड-खाबड़पन के साथ ये घटनाएँ गड्ड-मड्ड हो जाती हैं—

जैसे कोई बिजली कौंध जाए
एक दबी हुई स्मृति
झकझोर जाती है मुझे
और मुझे लगता है कहीं मेरे भीतर भी है
एक पागल स्त्री
जो दरवाजों को पीटती
और दीवारों को खुरचती हुई
उसी तरह लगा रही चक्कर
मेरे उपमहाद्वीप के विशाल नक्शे में
न जाने कब से

बर्लिन की टूटी दीवार के आसपास चक्कर लगाती स्त्री अब कवि के भीतर एक दबी हुई स्मृति की तरह मौजूद है। यही नहीं वह अब कवि के उपमहाद्वीप के विशाल नक्शे में न जाने कब से मँडरा रही है। यह संकेत कविता का एक अहम संकेत है जिसमें इस विशाल देश की त्रासदी गुम्फित है। इसलिए देश के नक्शे में तथा हर किसी के दरवाजे पर, हर दीवार पर कराहती स्त्री यातना और पीड़ा की व्यथा-कथा के रूप में जीवित है। यह हमारे शताब्दी-समय की व्यथा-कथा है।

एक और दृश्य के साथ कवि कविता का समापन करते हैं। अपनी ग़ज़ल-प्रस्तुति के बीच अहमद फराज़ कोई मिसरा भूल जाते हैं। पिछले और आगे के शेर के बीच के मिसरे का न रह जाना महफिल में सन्नाटा छा जाने का कारण बनता है। बीच की एक कड़ी टूट गई। वास्तविक समय की घटना है मिसरे का भूल जाना। एक और समय उसके सम्मुख आ जाता है जहाँ कवि को लगता है कि वह पागल औरत पूछ रही है कि 'यह दीवार कब टूटेगी?' कविता में यह एक अजीब समय है जिसमें अहमद फराज़ जैसे शायर अपने शेर के बीच मिसरे को भूल रहा

है। शायरी के प्रवाह में यह रोकटोक कविता का प्रतीकात्मक विन्यास है। कवि के मन में प्रवेश करनेवाली स्त्री का सवाल इस पूरे उपमहाद्वीप से है, यहाँ के शायरों से है। शेर के बीच भुला दिए गए मिसरे के इन्तज़ार में हम केदारनाथ सिंह को देखते हैं। समय की प्रवाहमयता का यह टूटना सिर्फ समय का टूटना-भर नहीं। यह आत्मीयता की टूटन को ही दिखा रहा है।

'त्रिनीदाद' केदारनाथ सिंह की ऐसी एक कविता है जिसका समय-परिदृश्य एकदम पुराना है। त्रिनीदाद में बसे हुए भारतियों का समय-परिदृश्य इस कविता के केन्द्र में है। भारत उनके लिए भुला दिया गया बिम्ब है। बहुत पहले यहाँ से मज़दूरों के रूप में वे गए हुए थे। उनकी कई पीढ़ियाँ बन चुकी हैं। ऐसे में मूल निवास स्थान उनकी वर्तमानता में मायने नहीं रखता है—

क्योंकि वे लोग थे
जो बहुत कुछ भूल चुके थे
उस सपाट कैरिबियन बालू की तरह
जहाँ टापू की पहली बीड़ी की महक
और अन्तिम चमरौधे की चरपर के साथ
कभी उतरे उनके पुरखे

त्रिनीदाद में वर्षों पहले भारत से आए गिरमिटियों का यह इतिहास-समय है। उक्त इतिहास-समय के कई अध्यायों का गुम हो जाना स्वाभाविक है। वह कई प्रकार के संघर्षों का समय है। संघर्षों के बीच जीवन बिताते हुए उनमें ऐसी निर्विकारता घर कर गई है कि मछुआरे का समुद्र से न लौटना टापू में एक आदमी का कम हो जाना है और आकाश में एक तारे का बढ़ जाना है। अपने संघर्षमय जीवन का उन लोगों ने सामना किया है बिना किसी शिकायत के। यहाँ समय रुका हुआ नहीं है। संघर्ष के जीवन में समय का रुकना असम्भव है। वह एक गतिशील समय है—

पर समुद्र से शिकायत
वहाँ किसी को नहीं थी
क्योंकि वह टापू का सबसे वयोवृद्ध नागरिक था
अपनी लम्बी श्वेत फहराती हुई दाढ़ी में
सबसे सम्मानित

समुद्र के मिथक को जीवन की गतिशीलता से जोड़ने और उसे अपने घर के सबसे वरिष्ठ सदस्य के रूप में देखने की उनकी दृष्टि में संघर्ष को ही ज्यादा प्राथमिकता मिली है। समुद्र का ऐसा मिथकीकरण और अपने से एक वरिष्ठ सदस्य के रूप में परिकल्पना तकषी शिवशंकर पिल्लै के उपन्यास 'चेम्मीन' में भी मिलती है। वहाँ समुद्र को 'कटलम्मा' (कटल माने समुद्र—अम्मा—कटलम्मा समुद्र रूपी अम्मा) कहा गया है। यहाँ कविता में उसे वयोवृद्ध नागरिक के रूप में प्रस्तुत किया गया है। दोनों में संघर्ष करते लोगों की कहानियाँ कहाँ मुख्य हैं। यही समुद्र उन्हें, रास्ता दिखाता है, उन्हें भटकने से बचाता है।

अपने मूल देश को लेकर कुछ स्मृतियाँ उन लोगों के हृदय में अब भी शेष हैं। लेकिन स्मृतियों में पुराना देश धूमिल-सा पड़ गया है। एक विशेष प्रदेश देश के किस कोने में है यह उन्हें ठीक से मालूम नहीं है। उनके लिए देश और समय गड्ड-मड्ड हो चुके हैं। यही नहीं संघर्ष से भिड़ता उनका जीवन इन कुछ बातों के प्रति उतना सतर्क भी नहीं है। सबसे पहले समय बिखरता जाता है और उसके तुरन्त बाद देश भी स्मृतियों की शिथिलता में गायब होता है—

मुझे दुख हुआ
मैंने उसके नक्शे के रंगों को
कर दिया गड्मड्
असल में वह जो नक्श था
टापू से घिरे एक आदमी का
अपना सृजन था—
जहाँ दिल्ली के किनारे
बहती थी गंगा
और बनारस हिमालय के उत्तर में कहीं था
और महाराष्ट्र नाम था
महाभारत के किसी पात्र का
और केरल एक शहर
जो कहीं हो सकता था बंगाल में!

प्रवास का दुख अपने मूल से उखड़े लोगों की धूमिल स्मृतियों में रहता है। यह अस्तित्वहीन होने का दुख है और भाषाहीन होने का भी। इस समय-परिदृश्य में कवि स्वयं अपने समय-परिदृश्य तक आ जाते हैं जहाँ उन्हें लगता है—

भूलता तो जा रहा है
कुछ न कुछ रोज़-रेज़
...
कि भूलता ही जा रहा हूँ मैं

किसी भी तरह उखड़े हुए लोगों के समय में ज़्यादा फर्क नहीं है चाहे वह त्रिनीदाद का हो या भारत का। केदारनाथ सिंह के सन्दर्भ में यह बात कुछ अधिक प्रासंगिक है। वे सदा अपने पुराने समय को ढूँढ़ रहे हैं पर वह मिलता नहीं है। स्मृतियों से देश (स्पेस) का तथा समय का अदृश्य हो जाना जीवन की सबसे बड़ी त्रासदी है। यह कविता तमाम उखड़े हुए लोगों के दुख को मूर्त करती है।

'खून' शीर्षक कविता (मतदान केन्द्र पर झपकी) समय की सामान्यता के तमाम बाधक तत्त्वों को रद्द करके एक नए कविता-समय को पुन:सृजित करने के प्रयास को अभिव्यक्ति दे रही है। इस कविता में दुनिया-भर के लोगों के सूक्ष्म जीवकोशों से होकर अनवरत यात्रा करनेवाले खून का विवरण मिलता है। समानता के इस अजीब समीकरण के बावजूद रक्त की इस समान प्रवाहमयता को अनदेखा किया जा रहा है। समानता के सभी पैगम्बराना तात्त्विक चिन्तन फालतू सिद्ध होते हैं। एकता का संगीत अरण्यरोदन में परिवर्तित होता है। खून का प्रवाह यांत्रिक प्रक्रिया में जब बदलता है तो समय गड्डमड्ड हो जाता है—आधुनिक समय में पुराने शिलायुग के समय का प्रवेश हो जाता है। सभ्यता के वाद्ययंत्र अनथक गायन-प्रस्तुति में मग्न हैं; इतने पर भी अपसंस्कृति की चीख ही अधिक सुनाई पड़ती है। चीख और चिल्लाहट के इस समय में खून की प्रवाहमयता की समानता पर केदारनाथ सिंह यह बताने का दायित्व अपने कन्धे पर ले रहे हैं कि सबके शरीर में बहता खून एक ही है। वस्तुत: वे एक नया समय-बोध सृजित कर रहे हैं—

पृथ्वी के सारे खून एक हैं
एक ही यात्रा में
एक ही पृथ्वी भर लम्बी देह में
दौड़ रहे हैं वे
नहीं—विश्राम उन्हें नहीं चाहिए
सीरिया में जो टपकती हैं बूँद
उसे सुनती है मेरे गाँव के

बच्चों की धड़कन
अरबों धड़कनें एक ही लय में
घुमा रही है दुनिया को
हर खून
हर खून से बतियाता है!

केदारनाथ सिंह के रचना व्यक्तित्व में निहित भारतीय कवि ही यह साहस कर रहा है। रंग-भेद के बावजूद, नस्ल पर चलती बहस की फिजूलखर्ची के बावजूद, जाति-भेद की चर्चाओं की मूर्खता के बावजूद देश की सीमाओं पर निरन्तर होते आक्रामक युद्धों के बावजूद, युद्ध-तंत्र के लिए की जानेवाली रणनीतियों के बावजूद एक सच बचता है कि 'हर खून, हर खून से बतियाता है'। इसे बात को मान्यता क्यों नहीं मिल रही है? एक अन्य देश के आदमी के शरीर से टपकती रक्त की बूँदों की धड़कन यदि किसी अन्य देश के गाँव के लोग सुन सकते हैं तो सभ्य कहे जानेवाले लोग क्यों नहीं सुन पा रहे हैं? अधिकार जहाँ संकेन्द्रित होता है वहाँ समय पीछे की ओर क्यों जाने लगता है? वहाँ की घड़ियों की सूइयाँ या तो बन्द होती दिखती हैं या पीछे की ओर जाती दिखती हैं। ऐसे एक समय-परिदृश्य में एक के खून को दूसरे के खून से जोड़कर देखने की बात एक चिन्तनशील कवि के हृदय में ही उठ सकती है। वे एक नया समय अपनी कविता में निर्मित कर रहे हैं। वे अपने देश की कवि-परम्परा से जाग उठकर ही यह समय आत्मसात कर रहे हैं।

'मतदान केन्द्र पर झपकी' एक 'भारतीय कवि' की हिन्दी कविता है जिसमें व्यर्थ होते हुए जीवन-प्रसंगों में अर्थ खोजनेवाले कवि से हमारी मुलाकात होती है। कविता का सामान्य वस्तुपक्ष मतदान सूची में नाम न होने की समस्या से सम्बन्धित है। सामान्य समय-परिदृश्य में यह एक बड़ी समस्या है। पर कवि का अन्तर्मन उन्हें सुझाव एवं सान्त्वना देता है कि मतदान सूची में नाम न सही फिर भी जीवन की विशाल सूची में तो नाम होगा ही। केदारनाथ सिंह इस एक पंक्ति में जीवन की सामान्यता का उल्लंघन करते हैं। मतदान न देने की स्थिति में उनका ध्यान मतदान केन्द्र के सामने खड़े पेड़ों पर जाता है जिन्हें वे इस मिट्टी के नागरिक के रूप में देखते हैं। 'खून' कविता में अपसंस्कृति के विपक्षीय ध्रुव पर खड़े होकर जिस प्रकार सभी शरीरों में प्रवहित खून को जिस तरह वे समान मानते हैं उसी प्रकार पूरी मस्ती के साथ खड़े पेड़ों को भी वे नागरिक मान रहे हैं। एक नहीं अनेक पेड़, एक नहीं अनेक जीव, एक नहीं अनेक लोगों के नाम मतदान सूची में नहीं हो सकते। इससे

जीवन का अर्थ नष्ट नहीं होता है। जीवन की गरिमा निष्प्रभ नहीं होती है। जीवन की गरिमा तब बढ़ती है जब हम अपनी मिट्टी से जुड़ते हैं। मिट्टी की उर्वरता ही हमारे जीवन के लिए उर्वरता प्रदान करती है। प्रकृति के साथ, पर्यावरण के साथ और पारिस्थितिकी की ऊर्जा के साथ अपने को विलयित करके कवि एक नई उम्मीद के साथ पुनर्जीवित हो उठते हैं

मैं पेड़ के पास गया
और उसकी छाँह में बैठे-बैठे
आ गई झपकी
देखा-पेड़ के नेतृत्व में
चले आ रहे हैं बहुत पेड़
जिसमें शामिल हैं—
बड़
पाकड़
गूलर
गम्भार
मसान काली का दमकता सिन्दूर
चला आ रहा था आगे-आगे
कि सहसा एक पत्ती के गिरने का
धमाका हुआ
और टूट गई नींद
मैंने देखा
अब मेरी जेब में मेरा अनदिया वोट
—एक नागरिक का अन्तिम हथियार

इन उपर्युक्त पंक्तियों में समय के दो परिच्छेद प्राप्त होते हैं। एक में वानस्पतिक निविड़ता है जिससे कवि का आत्मीय रिश्ता शब्दों से संकेतित न होकर भी पूरी तरह से संकेतित है। इन पंक्तियों के अन्त में जो समय परिकल्पित है उसमें एक पत्ती का गिरना भी धमाके की तरह लगता है। यह कवि द्वारा सृजित समय है जिसमें पत्ती एक मामूली चीज़ नहीं है। उसका भी महत्त्व है। यहाँ पर लघुता के सौन्दर्य को उसके हल्केपन में नहीं बल्कि भारीपन में कवि ने महसूस किया है। उसी के

साथ जोड़कर उनकी जेब पर बचे रहे उनका अनदिया वोट का उल्लेख नए अर्थ के साथ अवतरित होता है। भीड़ की संस्कृति से भिन्न प्रत्येक नागरिक की गरिमा पर ज़ोर देनेवाली यह कविता नए नागरिक-बोध को ही उजागर कर रही है। उसके साथ पारिस्थितिकी विघटन पर कविता का जो ज़ोर है वह कविता की भारतीयता पर आधारित है। परोक्षत: कवि हमें आगाह कर रहे हैं कि हमारी भारतीयता एक सतही संकल्पना नहीं है; उसकी स्वाधीनता की पूर्ति में इस मिट्टी के समस्त लोगों की भूमिका है। जिस तरह कुछ इने-गिने परिचित चेहरों तक स्वाधीनता को सीमित करना और मतदान जैसी यांत्रिक प्रक्रिया से उसे जोड़ना इतिहास का निषेध है। इस कविता में भी केदारनाथ सिंह एक नया समय-परिदृश्य सृजित कर रहे हैं।

प्रत्येक कविता में केदारनाथ सिंह अपने वर्तमान के साथ कई समय-परिदृश्यों को जोड़ते हैं। इसलिए उनकी कविता बृहत्तर इतिहास की अभिव्यक्ति का आभास देती है। कवि उस समय गाथाकार भी बनते हैं। यह कहना उचित लगता है कि केदारनाथ सिंह का कविता-समय अनेकवर्णी और बहुआयामी है।

लघुता के संगीतज्ञ

जीवन यथार्थ की लघुता यानी उसके सारसत्य के मीवांश्य तक जाती सूक्ष्मता कविता के प्रमेय में सहजता के साथ प्रवेश करती है। गम्भीर विषय की गुरूता की तुलना में लघुता में हम जीवन का वास्तविक विस्तार अनुभव कर पाते हैं। अकसर कविता अनवरत यात्रा का बिम्ब प्रस्तुत करती है। यह यात्रा-बिम्ब उसके विस्तार का साक्ष्य भी है। कविता के दृश्यबन्ध के भीतर यह यात्रा-बिम्ब गतिशील रहता है। कविता में लघुता की रचनात्मक परिणतियों की कोई सीमा नहीं है। इसका तात्पर्य यह नहीं है कि मामूली प्रसंगों के माध्यम से कविता रची जा सकती है। कविता की बनावट और उसकी बुनावट में जीवन की संश्लिष्टता का सगुम्फन अनिवार्य घटक है। उसे उत्तरोत्तर विस्तार तक ले जाना कवि-कर्म का आवश्यक धर्म भी है। यहीं पर लघुता विचारणीय होती है। लघुता कोई कविता-कारक-तत्त्व नहीं है। वह कविता के अनुभव-साक्ष्य का कारक तत्त्व है। हम यह भी कह सकते हैं कि वह कवि के स्वत्व-बोध की अभिव्यक्ति है।

केदारनाथ सिंह जीवन की लघुता के संगीतज्ञ रहे हैं। संगीतज्ञ शब्द का प्रयोग जान-बूझकर ही किया गया है। संगीतज्ञ अपनी प्रस्तुति में पूरी तरह मग्न होता है। यह एक असामान्य बात है। ऐसी प्रस्तुति का कारक तत्त्व है सूक्ष्मातिसूक्ष्म तत्त्वों से होकर की जानेवाली यात्रा। जीवन के सर्वस्व का ग्रहण। जीवन में जो संगीतमयता है, जो लयात्मकता है उसे आत्मा में ग्रहण करना। सम्भवत: यह प्रवृत्ति केदारनाथ सिंह में मिलती है। इसलिए संगीतज्ञ शब्द उनके लिए सही प्रतीत होता है। 'तीसरा सप्तक' में संकलित कविताओं से लेकर 'मतदान केन्द्र में झपकी', जो उनका अन्तिम संकलन है, की कविताओं में वे लघुता की गायकी में मग्न दीखते हैं। यह सरलता की गायकी भी नहीं है। यदि केदारनाथ सिंह की 'तीसरा सप्तक' के विभिन्न गीतों से गुज़रेंगे तो कवि की लघुता के अनुभव जगत का विस्तार हमें प्राप्त हो सकता है। नई कविता के यूरोपीय आधुनिकतावाद से अपने को अलग करके

अपनी मिट्टी की ओर लौटनेवाले एक युवा कवि से हमारी भेंट हो जाती है। यह कवि सिर्फ अपनी गीत-परम्परा का पुन:सृजन ही नहीं कर रहे हैं बल्कि उसका एक-एक भरा-पूरा जीवन-वृत्तान्त है जिसको वे कविता में समेट रहे हैं। जीवन का वह वैविध्यमय रंग-रूप उनकी कविताओं का प्रमेय बनते जाने का सहज दृश्य पूरी पारदर्शिता के साथ हम अनुभव कर पाते हैं। इसमें कवि की वैकल्पिकता का एहसास हमें मिल जाता है। वस्तुत: इन गीत-रचनाओं के माध्यम से केदारनाथ सिंह अपनी कविता की ज़मीन तैयार कर रहे थे।

केदारनाथ सिंह अपने आसपास की प्रकृति, ऋतुएँ, हवा, पानी, मिट्टी आदि के गायक के रूप में इन प्रारम्भिक गीतों में नज़र आते हैं। भरी-पूरी संगीतमयता इनमें उपलब्ध है। उनके कुछ गीतों पर ध्यान दिया जा सकता है। 'फागुन का गीत' शीर्षक गीत इस प्रकार है—

गीतों से भरे दिन फागुन के ये गाए जाने को जी करता है!

ये बाँधे नहीं बँधते, बाँहें—
रह जाती हैं खुली-खुली
ये तोले नहीं तुलते, इस पर
ये आँखें तुली की तुली

ये कोयल के बोल उड़ा करते, इन्हें थामे हिया रहता!

अनगाए भी ये इतने मीठे
इन्हें गाए तो क्या गाएँ
ये आते, ठहरते, चले जाते
इन्हें पाए तो क्या पाएँ

'वसन्त-गीत' की कुछ पंक्तियाँ इस तरह हैं—

आज समझ लूँगा मैं
यह बौरों की भाषा
यह रंगों की बोली

आज कि यह मन भी बौरों से लदकर झुक आया है—

गाओ
चाहे तुम जिस स्वर में गाओ

आज समझ लूँगा मैं सब कुछ
यह वसन्त साँसों का, स्पर्शों का
पागल कूलों का विनिमय-गाओ

इसमें कवि वसन्त की रागमय उड़ान में डूबता चला जा रहा है। सौन्दर्य की यह प्रियता, भावत्वरित आवेगमयता—'मेरे तन की शिरा-उपशिरा बरबस टूट रही तो टूटें,/गाओ'—केदारनाथ सिंह की भावभूमि एक तलाश के रूप में गीतों में संकेतित होती है। 'धानों का गीत' भी उल्लासमयता का बिम्ब प्रस्तुत करती है—

धान उगेंगे कि पात उगेंगे
उगेंगे हमारे खेत में,
आना जी बादल जरूर।
चन्दा को बाँधेंगे कच्ची कलगियाँ
सूरज को सूखी रेत में
आना जी बादल जरूर!
...
...
धूप से तुलसी वन डरेंगे
साँझ गिरे पर कनेर
पूजा की बेला में ज्वार झरेंगे
धान-दिए की बेर,
आना जी बादल जरूर!

छायावादी प्रकृति प्रेम से एकदम भिन्न केदारनाथ सिंह के गीतों की प्राकृतिक आभा कल्पना प्रवणता के बावजूद मानवीयता से ओतप्रोत है। ये गीत ग्रामीण जीवन को पुनर्जीवन प्रदान करते प्रतीत होते हैं। ग्रामीणता का यह अतिशय मोह केदारनाथ सिंह में निहित संगीतज्ञ को जगा रहा है और उनकी गायकी पाठक-मानस को लोक की ओर लौटने के लिए प्रेरित करता है। 'तीसरा सप्तक' के अपने वक्तव्य में केदारनाथ सिंह ने बिम्बों के प्रति अपने आकर्षण का स्पष्टीकरण दिया है। सन सत्तर के पहले उन्होंने अपना शोध कार्य भी पूरा किया और उनका विषय था 'आधुनिक कविता में बिम्ब-विधान का विकास'। सप्तक की भूमिका में बिम्बों (चित्रमयता के प्रति) के प्रति जो आकर्षण है उसका स्वरूप यों है—"चित्रों के

प्रति मेरे मन में आकर्षण है; उसके कुछ कारण हैं। प्रकृति बहुत शुरू से मेरे भावों का आलम्बन रही है। मेरा घर गंगा और घाघरा के बीच में है। घर के ठीक सामने एक छोटा सा नाला है जो दोनों को मिलाता है। मेरे भीतर भी कहीं गंगा और घाघरा की लहरें बराबर टकराती जाती हैं। खुले कछार, मक्का के खेत, दूर-दूर तक फैली पगडंडियों की छाप आज भी मेरे मन पर उतनी ही स्पष्ट है जितनी उस दिन नहीं, जब मैं पहली बार देहात के ठेठ वातावरण से शहर के घुमैले और शतशः खंडित आकाश के नीचे आया।" यह वक्तव्य लिखने के पहले केदारनाथ सिंह तारसप्तक की कविताओं से, विशेषकर अज्ञेय की कविताओं से, देश-विदेश की कविताओं से—रवीन्द्रनाथ ठाकुर, जीवनानन्द दास, निराला, ऑडेन, डायलन थॉमस और बॉदलेयर—से परिचित हो चुके थे। लेकिन 'तीसरा सप्तक' की कविताओं में केदारनाथ सिंह अपनी जमीन पर खड़े दीखते हैं। वे मानवीय भावनाओं की शुचिता के साथ कविता-कर्म में क्यों लगे हुए हैं। कारण स्पष्ट है। अपनी धरती को भूलकर वे कोई नई धरती सृजित नहीं करना चाहते हैं। उनके भीतर यह धरती सदैव जीवन्त रही। उन्हें दुबारा तलाशने की नौबत नहीं आई। इसलिए उसके रोएँ-रेशे को वे आत्मसात कर सके हैं। उन्हें वे महिमामंडित करके प्रस्तुत भी नहीं करना चाहते हैं। इसलिए उनके आसपास की तमाम लघुताएँ उन्हें यथार्थ से रू-ब-रू होने का अवसर देती हैं। यही कहा जा सकता है कि यह लघुता का मोह नहीं है। लघुता का आविष्कार ही केदारनाथ सिंह अकसर प्रस्तुत कर रहे हैं। महागाथाओं के स्थान पर लघुता की चारुता का तलस्पर्शी आख्यान ही वे प्रस्तुत कर रहे हैं।

लघुता का एक यथार्थ है। सर्वत्र विद्यमान इस यथार्थ को अनदेखा नहीं किया जा सकता। फिर कवि क्या करें? कवि इस यथार्थ को आगे ले चलते हैं। उसको वे चारुता से वलयित करता है। चारुता का पक्ष लघुता के यथार्थ को गहन बनाने में सहायक है। लघुता अपने निपट यथार्थ तक सीमित होकर सिमट जाए तो उसका कोई मूल्य नहीं है। यथार्थ उसकी आधार भूमि है। उसके साथ चारुता का समाविष्ट होना अत्यन्त आवश्यक है। लघुता को जब कवि सौन्दर्य से पूरित करके प्रस्तुत करता है तो कविता अपनी गहनता का परिचय देने लगती है। केदारनाथ सिंह की कविता आद्यन्त लघुता के आख्यान की परम अभिव्यक्ति है। 'पानी' शीर्षक कविता में वे लिखते हैं—

मैं घोषित करता हूँ
कि पानी

मेरा धर्म है
आग मेरा वेदान्त
हवा से मैंने दीक्षा ली है
घास-पात मेरे सहपाठी
महुआ मेरा टेबल है
मकई मेरा कल्पवृक्ष
गोंथड़ा मेरा तीर्थ है
भागड़नाला मेरी गंगा

इसमें कवि ने तमाम गरिमामय वस्तुओं को नकारा है और सबसे अधिक सामान्य वस्तुओं को शिखरता प्रदान की है। यह कृत्रिम महिमामंडन नहीं है। यहाँ पर कवि अपने स्वत्व को खुला छोड़ रहे हैं। धर्मों की असहिष्णुताओं के इस दौर में केदारनाथ सिंह घोषणा करते हैं कि 'पानी मेरा धर्म है'। इससे ज़्यादा पारदर्शी घोषणा हो ही नहीं सकती। मनुष्य यदि जीवित रहता है तो पानी की उपलब्धता की वजह से। बिन पानी मछली ही नहीं मनुष्य भी जीवित नहीं रह सकता। धर्म को सर्वश्रेष्ठ माननेवाले धर्मगुरुओं के सामने एक कवि की घोषणा है कि 'पानी मेरा धर्म है।' इस छोटी सी कविता में पानी लघुता का प्रतीक है और उसका यथार्थ कविता में मुखर भले न हो फिर भी कवि की घोषणा में पानी का यथार्थ सुलभ होने लगता है। इतिहास से होकर एक सुदीर्घ यात्रा करने के पश्चात प्राप्त आत्मसाक्षात्कार को कवि इसमें व्यक्त कर रहे हैं। यह आत्मसाक्षात्कार मनुष्य का है; कृत्रिम मनुष्य का नहीं है, जो धर्म को ओढ़कर जीता है। 'पानी मेरा धर्म है'—इसमें केदारनाथ सिंह एक सौन्दर्य तत्त्व भी निवेशित कर रहे हैं। मनुष्य के इतिहास ने मनुष्य के सौन्दर्य को हमेशा छुपाकर रखा। मनुष्य की लघुताओं को निपुणता के साथ खारिज कर दिया गया था। उसी सौन्दर्य को वे ढूँढ़ रहे हैं। एक सरल-सी पंक्ति के माध्यम से कवि यहाँ पर इतिहास के मुखमंडल पर प्रश्न चिह्न लगा रहे हैं जो सर्वथा स्पृहणीय है। धर्म जीवनदायिनी है तो पानी से अधिक जीवनदायिनी कौन सी है। पानी (जल नहीं) जो सर्वत्र उपलब्ध जीवनदायिनी तत्त्व है और उसे धर्म के रूप में वे प्रस्तुत कर रहे हैं। इसी तर्ज पर वे हवा, घास-पात, महुआ, मकई, गोंथड़ा और भागड़नाला आदि को चारुता के शिखर पर संस्थित करते हैं। इस कविता में ये पंक्तियाँ भी सर्वाधिक महत्त्वपूर्ण हैं—'मकई मेरा कल्पवृक्ष

है' तथा 'भागड़नाला मेरी गंगा'। इन दो पंक्तियों के माध्यम से केदारनाथ सिंह ने इतिहास का मन्थन किया है। यह उस मनुष्य का इतिहास है जिसमें मनुष्य ने मनुष्य को हाशिये पर रहने के लिए बाध्य किया है। अधिकार के बल पर अपनी रची हुई कृत्रिम नैतिकताओं के सहारे मनुष्य को पशु सदृश्य मानने की दृष्टि को हमने सदियों तक मान्यता प्रदान की थी। कविता में इसके विरुद्ध सशक्त प्रतिरोध उपस्थित किया गया है। सौन्दर्य की एक नई परिभाषा कविता निर्मित कर रही है। कल्पवृक्ष जैसी उदात्त परिकल्पना को पूरी तरह से खारिज करके मामूली धान के पौधे को—मकई को (गेहूँ नहीं) कल्पवृक्ष के रूप में स्वीकार करने की कवि-दृष्टि के पीछे नई सौन्दर्य-चेतना का प्रतिमान लौह-बलिष्ठता के साथ उपस्थित होता है। उसी प्रकार गंगा भारतीय सामूहिक अवचेतन में पवित्रता का प्रतीक है। केदारनाथ सिंह पवित्रता के पारम्परिक रूप को अस्वीकार कर रहे हैं। किसे कौन सी नदी पवित्र हो सकती है? यदि सबके लिए, पूरे भारतीय समाज के लिए, वह पवित्र है, तो हमारे ही सामने इतने अन्तर्विरोध क्यों? क्या हम अपने जीवन-यथार्थ के अन्तर्विरोधों को अनदेखा कर सकते हैं? नहीं। ऐसे में गंगा की पवित्रता पर प्रश्न चिह्न का लगना सहज है। सबके लिए यदि वह पवित्र नहीं है तो भागड़नाले को गंगा के रूप में स्वीकार करने में क्या हर्ज है? कइयों के जीवन को भागड़नाले ने गंगा की तरह पवित्रता का आनन्द प्रदान किया होगा। उनके चित्त में गंगा का स्वरूप, उसका मोक्षदायिनी रूप भागड़नाले के माध्यम से बीजांकुरित हुआ होगा। उदात्तता को केदारनाथ सिंह ने यहाँ अपनिर्मित किया है। उसके स्थान पर लघुता को उन्होंने स्थापित किया है। यह एक मुखर आह्वान-भर नहीं है। गांधी जी की अन्त्यज-परिकल्पना की चारुता इनमें सहज रूप से हमें प्राप्त होती है। यथार्थ और सौन्दर्य के इस तालमेल में स्वीकृत मान्यताएँ, स्वीकृत नैतिक मूल्य-दृष्टियाँ, स्वीकृत इतिहास-दृष्टि तथा स्वीकृत सांस्कृतिक पाठ-दृष्टि पूरी तरह गड्ड-मड्ड हो जाती है। यह कविता, 'पानी' एक नई इतिहास-दृष्टि के उन्मेष के साथ अवतरित होती है और पुनर्पाठ के लिए हमें प्रेरित करती है।

जीवन की सामान्यता को कवि अपनी सौन्दर्य-दृष्टि से वलयित करके प्रस्तुत कर सकते हैं। यह कवि-कर्म की सहज फलप्राप्ति है। जब हम कविता के मूल तक प्रयाण करते हैं तो कविता की प्रेरक वस्तु, जो कि जीवन की सामान्यता है, का विस्तृत परिदृश्य पाठकीय चेतना को उद्वेलित करने लगता है। 'आँसू का वज़न' नाम से केदारनाथ सिंह की एक छोटी सी कविता है, जो इस प्रकार है—

कितनी लाख चीखों
कितने करोड़ विलापों-चीत्कारों के बाद
किसी आँख से टपकी
एक बूँद को नाम मिला—
आँसू
कौन बताएगा
बूँद से आँसू
कितना भारी है।

किसी की आँख से टपकी एक बूँद को नाम मिला, 'आँसू'। यह किसी की भी आँख से टपकी हो सकती है। उसको हमने पानी की बूँद न कहकर आँसू कहकर अभिहित किया। कवि का सवाल है कि 'बूँद से आँसू/कितना भारी है।' इसका उत्तर सरल है कि आँसू ही भारी है क्योंकि वह रोती हुई आँखों की अभिव्यक्ति है। इसलिए आँसू का वज़न तोला नहीं जा सकता। वह दुखी जन की भी अभिव्यक्ति है। दुख को ही दरअसल केदारनाथ सिंह ने इस कविता में प्रमेय बनाया है। दुखी जन हमारे जन हुआ करते हैं। कई प्रकार के अभावों की गिरफ्त में जीनेवाले, कई प्रकार अयाचित थपेड़ों को सहने के लिए बाध्य होनेवाले, जीवन के हर मोड़ पर हारनेवाले दुखी होते हैं। ये सुविधाभोगी वर्ग में आनेवाले नहीं हैं। ये सामान्य कोटि के जन होते हैं जिनकी परिगणना कभी होती ही नहीं है। उन्हीं लोगों से पूछा जाना चाहिए कि दुख होता क्या है। यह भी पूछा जाना चाहिए कि उनकी आँखों से बूँदें क्यों टपकती हैं? कहाँ से ये बूँदें आती हैं? वैज्ञानिक दृष्टि के बल पर हम आसानी से कह सकते हैं कि ये बूँदें (पानी) अश्रुग्रन्थि से आती हैं। पर यह 'आँसू' है। आँखों से टपकती बूँदों को 'आँसू' क्यों कहा गया है। हृदय की भीतरी तह से 'आँसू' प्रकट होते हैं, भले ही आँखों में दिख जाए आँसू को केदारनाथ सिंह ने जीवन की सामान्यता से जोड़ा है जहाँ दुख-ही-दुख देखने को मिलता है। लघुता के इस यथार्थ के कई अध्याय हमारे सामने खुले पड़े हैं। उन्हें जो गम्भीरता से वाचन करता है वह दुख की गहराई को भाँप सकता है। वह दुख की गाथाओं से भली-भाँति परिचित भी होता है। उसे यह भी मालूम है कि चीखों, विलापों और चीत्कारों से मनुष्य की आँखों से बूँदें टपकने लगती हैं। कवि का एक परोक्ष इशारा यह भी है कि जीवन-सामान्यता के खुले अध्यायों को जो अनदेखा करते हैं वे दुख

के इतिहास से अपरिचित लोग हैं। उन्हें बूँद और आँसू में कोई फर्क नहीं दिखाई पड़ता है। केदारनाथ सिंह जीवन-सामान्यता के संगीतज्ञ हैं। वे रोदन को सुनकर आए हुए कवि हैं। जो कवि रोदन को सुन सकता है वे मिट्टी के कवि हैं। वे लघुता के भाष्यकार कवि भी हैं।

कई मामूली चीजें केदारनाथ सिंह की कविताओं में बार-बार प्रमेय बनती हैं। उनकी काव्य-यात्रा के विभिन्न मोड़ों से होकर जब हम गुज़रते हैं तो इस बात का पता चलता ही है कि उनकी कविताओं में ऐसी मामूली चीज़ें बलपूर्वक लाई नहीं गई हैं। वे सहज रूप से उनकी रचनाओं का विषय बनकर आई हैं। उनके जीवन वृत्तान्तों, उनकी उन्मुखताओं, उनकी कवि-दृष्टियों और उनकी रचनाधर्मिताओं को नज़दीक से देखें तो हम आश्चर्यचकित हो जाएँगे कि यह कवि शतशः मामूली चीज़ों के महागायक हैं। एक जगह उन्होंने सूचित किया है कि उन्हें तीन बातें बेहद प्रिय हैं, यथा कविता, संगीत और अकेलापन। सम्भवतः इन्हीं तीन बातों ने उन्हें कवि बनाया है। जो कवि चीज़ों में संगीत की गहनता का अनुभव कर पाता है वह एक गम्भीर कवि होता है। केदारनाथ सिंह के सन्दर्भ में संगीतमयता का एक विशेष अर्थ है। वह है जीवन की स्वीकृति। जीवन को पूरी तरह से आत्मसात करना। एलबर्ट श्वैट्सर ने इसे जीवन के प्रति समर्पण भाव कहा है। केदारनाथ सिंह के रचना व्यक्तित्व में भी यही समर्पण भाव हम अनुभव कर पाते हैं। ऐसे में वे किस चीज़ को, चाहे वह जितनी भी मामूली हो, कितनी लघु क्यों न हो, छोड़ पाएँगे? वे स्वीकार ही कर सकते हैं। जीवन से जुड़ी किसी भी चीज़ को अस्वीकार नहीं कर सकते।

केदारनाथ सिंह की एक कविता है, 'दाने'। दाना दरअसल एक मामूली चीज़ है। लेकिन कवि ने दाने के जिस यथार्थ को कविता में अवतरित किया है वह मामूली नहीं है। भूमंडलीकरण को वास्तव में भूमंडीकरण कहना ज्यादा ठीक लगता है। मंडी की संस्कृति हमेशा रही है और रहेगी भी। लेकिन भूमंडलीकरण ने भूमंडीकरण को सार्वलौकिक मान्यता प्रदान की है। यह अपसंस्कृतियों की गाथा है जहाँ मनुष्य सबसे पहले गुम हो जाता है और मुनाफा सामने आता है। इसी मंडी में मनुष्य के अलावा बहुत सारी चीज़ें अपने मूल से कट जाती हैं। उनका यथार्थ हमेशा के लिए नष्ट हो जाता है। इन सबमें अधिकार का वर्चस्व अनुभव किया जा सकता है। 'दाने' कविता में केदारनाथ सिंह ने समकालीन यथार्थ के सबसे बड़े खौफ को ही अवतरित किया है—

नहीं
हम मंडी नहीं जाएँगे
खलिहान से उठते हुए
कहते हैं दाने
जाएँगे तो फिर लौटके नहीं आएँगे
जाते-जाते
कहते जाते हैं दाने
अगर आए भी
तो तुम हमें पहचान नहीं पाओगे
अपनी अन्तिम चिट्ठी में
लिख भेजते हैं दाने
इसके बाद महीनों तक
बस्ती में
कोई चिट्ठी नहीं आती

दाने कह रहे हैं कि हम मंडी नहीं जाएँगे। दानों की यह घोषणा प्रकटत: असहज प्रतीत हो सकती है। किसान दाने उपजाता है और उसे मंडी में बेचता है। यह एक सामान्य प्रक्रिया है। पर कविता के आरम्भ में दाने घोषणा कर रहे हैं कि 'हम मंडी नहीं जाएँगे'। आगे वे अपना तर्कसंगत स्पष्टीकरण भी दे रहे हैं—'जाएँगे तो फिर लौटकर नहीं आएँगे' एक और कारण वे दे रहे हैं। मंडी गए भी समझो, और वहाँ से लौटने पर तुम हमें पहचान नहीं पाओगे। पहला है, हम मंडी नहीं जाएँगे, दूसरा है, जाएँगे तो फिर लौटकर नहीं आएँगे और तीसरा है, अगर आए भी तो तुम हमें पहचान नहीं पाओगे। केदारनाथ सिंह की कविता में दाने सिर्फ दाने नहीं हैं। उनके बहाने कवि ने एक जीवित अवस्था को प्रस्तुत किया है। मंडी में जीवित अवस्था का कोई मूल्य नहीं है। वहाँ सभी-मृतावस्था में हैं। मूल्य रहित हो जाना भी मृतप्राय जैसा ही है। इसे नैतिक पतन के रूप में यहाँ कविता में दाने देखते हैं। इसलिए मंडी से लौटना उनके लिए मुश्किल है। मंडी में हर जीवित अवस्था का कायान्तरण हो जा जाता है। यह कायान्तरण किसके लिए? इसके लिए कोई सही जवाब नहीं मिलता है; सही जवाब ढूँढ़ना मंडी के खौफनाक माहौल को देखते हुए मुनासिब नहीं है। दोनों का भय यही है कि वे पूरी तरह से बदल जाएँगे। अपने मूल से कटने का भय और उसके दुख से दाने वाकिफ हैं। जीवित अवस्था के साथ

जोड़कर जब इसे देखा जाता है तो खौफ दुगुना-चौगुना बढ़ता दीखता है। दाने, जो किसान की मेहनत का फल है और वह जरूरतमन्दों के लिए वितरित होता है तो उसका यथार्थ बचता है। पर अब मंडी अपना विकराल रूप लिये सबको अपने अधीन करने की ताकत के साथ उपस्थित है। इसी वर्चस्वी तत्त्व का निराकरण दाने कर रहे हैं। मंडी में गए और संयोगवश लौटकर आए तो उनका कहना है कि फिर पहचानना मुश्किल हो जाएगा। पूरी तरह से अपने यथार्थ से कटकर, अपनी लघुता से वंचित होकर और अपने सौन्दर्य को नष्ट करके ही वे आ सकते हैं। तब वे दाने नहीं हैं बल्कि माल (प्रोडक्ट या कमोडिटी) हैं। दाने अपने को माल में परिवर्तित होते देखना नहीं चाहते हैं।

केदरनाथ सिंह की यह लघु कविता समकालीन यथार्थ, जो अयथार्थ से उत्पन्न है, के सुदीर्घ इतिहास से होकर जाने तथा उसके खौफ को समझने की प्रेरणा देती है। भूमंडलीकरण हो या भूमंडीकरण हो वह कारोबार का सरल रूप नहीं है। हर जीवित अवस्था का वह हनन करता है। वह खौफ की स्थायी उपस्थित का अदृश्य नेपथ्य है।

इतिहास जहाँ मौन है वहाँ कविता अतिरिक्त मुखरता के साथ प्रस्तुत होती है। लेकिन एक श्रेष्ठ कविता मुखरता से अलग रहती है। इतिहास के मौन 'स्पेस' में उसे रहना ही पड़ता है। इतिहास का यह भी स्वभाव है कि वह उद्दाम प्रवाह की तरह बहुत कुछ को बहा ले जाता है। कई मामूली चीज़ों को, कई मामूली व्यक्तियों को, जीवन की कई सार्थक अवस्थाओं को जो विराट नहीं होती है, कई मानवीय उद्‌भावनाओं को इतिहास अकसर हाशियाकृत कर देता है जिन्हें कविता उठा लेती है। कविता का दरअसल यही स्व-भाव है जिससे वह कभी कतराती नहीं है। केदारनाथ सिंह की बहुत सी कविताएँ परिपक्व रचनात्मकता के स्व-भाव से युक्त हैं। ऐसी कविताएँ हाशिये के यथार्थ को केन्द्र में लाने का प्रयत्न करती हैं।

उनकी 'सन 47 को याद करते हुए।' शीर्षक कविता हाशियाकरण की दारुणता को पेश करती है। कविता के शीर्षक से तथा उसके वाचन के समय स्वतंत्रता-प्राप्ति का वह समय-परिदृश्य प्रकट रूप से सामने आता है। उस समय की सबसे भीषण घटना या मानवीय इतिहास की सबसे बड़ी त्रासदी विभाजन की रही है जिसमें एक बड़े देश की जनता मानसिक स्तर पर दो खेमों में बँट जाती है। धर्म की असहिष्णुता को नैतिक समझने की मूर्खता को सबसे ज़्यादा प्रमुखता मिलती है। उस समय हुए कत्लेआम इसके गवाह हैं। दो धर्मों के बीच में ऐसी

विभाजक-रेखा खिंच गई जिसका मिटना असम्भव था। इस रेखा के रहते कितने लोग बेघर हो गए, कितने अपनों से छूट गए और कितने नरहत्या के बियाबान में गुम हो गए। यह कहना आसान नहीं है। इस एक भीषण परिदृश्य को कविता के केन्द्र में रखा है केदारनाथ सिंह ने।

कविता की सबसे बड़ी खूबी यही है कि इसमें केदारनाथ सिंह स्वयं उपस्थित हैं। सभी सवाल उनसे ही पूछे गए हैं। वे इस कविता में निरीक्षक-भर नहीं हैं। वे प्रस्तोता पात्र नहीं हैं। एक प्रस्तोता पात्र कविता में है जो केदारनाथ सिंह से सवाल कर रहा है। इस वजह से एक तटस्थ पात्र की तरह वे अपने को पेश नहीं करते हैं। सब कुछ के वे गवाह हैं; चश्मदीद गवाह हैं। प्रस्तोता पात्र का सवाल है—

तुम्हें नूर मियाँ की याद है केदारनाथ सिंह
गेहुएँ नूर मियाँ
ठिगने नूर मियाँ
रामगढ़ बाज़ार से सुर्मा बेचकर
सबसे अन्त में लौटनेवाले नूर मियाँ
क्या तुम्हें कुछ भी याद है केदारनाथ सिंह

कविता के केन्द्र में नूर मियाँ हैं। एक मामूली सा सुर्मा-विक्रेता। ऐसे एक मामूली इनसान को इतिहास के पृष्ठों में ढूँढ़ना व्यर्थ है। कविता में उसी की खोज जारी है। खोज के दौरान कविता में धार्मिक असहिष्णुता का एक परोक्ष चित्रपट खुलता है। वह एक संकेत मात्र है। लेकिन केदारनाथ सिंह का यह संकेत उनकी कविता-भाषा की अन्तरंग परत को स्पष्ट कर रहा है। साथ-ही-साथ हमारी सामाजिकी में फैली भीषणता का दूसरा संकेत भी निकल आता है। तीसरा संकेत ज्यादा खौफनाक है। मामूली वातावरण में जीनेवाले लोग, दोनों मज़हबों के लोग, वे इस वातावरण में क्यों खौफ के गर्त में फँसते जा रहे हैं? कवि अपने वातावरण की मामूलियत को इस प्रकार व्यक्त कर रहे हैं—

तुम्हें याद है मदरसा
इमली का पेड़
इमामबाड़ा
तुम्हें याद है शुरू से उन्नीस तक
उन्नीस पहाड़ा

कवि इस तरह उस मामूली वातावरण के ऊपर असहिष्णुता के काले-काले बादलों के छा जाने के दृश्य को धीरे-धीरे दिखा रहे हैं। उस अप्रत्याशित अँधेरे के बारे में केदारनाथ सिंह से सवाल पूछे जा रहे हैं। उसमें कोई बाहर नहीं। सभी उसके अन्दर हैं। सभी गवाह हैं और सभी उसके भागीदार हैं। पर किसी के पास कोई ठोस जवाब नहीं है। जवाब का न होना कविता की चरम अवस्था है। मगर सवाल ही दरअसल जवाब में तब्दील होता है। कविता में सवाल पूछे जाते हैं। जवाब अप्रत्यक्ष रूप से दर्ज होते जाते हैं। यही इसकी 'पैरडोक्स' है कि एक त्रासदी अपनी गहनता को व्यक्त कर रही है—

क्या तुम अपनी भूली हुई स्लेट पर
जोड़-घटाकर
यह निकाल सकते हो
कि एक दिन अचानक तुम्हारी बस्ती को छोड़कर
क्यों चले गए थे नूर मियाँ
क्या तुम्हें पता है
इस समय वे कहाँ हैं
ढाका
या मुल्तान में
क्या बता सकते हो

नूर मियाँ जैसे मामूली आदमी का लापता होना कोई बड़ी बात नहीं है हमारी सामान्य नागरिकता के लिए। क्योंकि वह एक अकिंचन आदमी है। वह गुम हो जाए या कहीं जाकर मर भी जाए कि जनगणना के आँकड़े तैयार करनेवाले के लिए सिर दर्द पैदा नहीं करता है। एक क्या, दर्जनों नूर मियाँ हमारे बीच से चले जाएँ कोई फर्क नहीं पड़ता। इसलिए नूर मियाँ से सम्बन्धित सवाल भी मामूली ढंग से ही पूछे गए हैं। मगर उसकी अनुगूँज काफी दूरगामी है। वह हमारे क्षितिजों में विस्फोट करने लायक है—'एक दिन अचानक तुम्हारी बस्ती को छोड़कर/क्यों चले गए थे नूर मियाँ।' क्यों का उत्तर हमारी सामाजिकी का एक पृष्ठ है। वह लापता हुआ था, 'अचानक'। अकसर भीषण सामाजिकी में कई घटनाएँ अचानक घटित होती हैं। इसके लिए 'क्यों', 'कैसे' जैसे प्रश्नों को जोड़ने से कोई फायदा नहीं है। मुक्तिबोध की कई कविताओं में 'अचानक' शब्द का प्रयोग हम देख सकते

हैं। यहाँ केदारनाथ सिंह ने नूर मियाँ के लापता होने के हादसे के साथ 'अचानक' शब्द को जोड़ दिया है। इसके कई अर्थ निकल आ सकते हैं। बस्ती से निकल कर क्यों चले गए? बस्ती से क्यों निकाल दिया गया? बस्ती के लिए नूरमियाँ क्यों अनावश्यक सिद्ध हो गया? या स्वयं नूर मियाँ अपने फैसले के मुताबिक निकल गए थे? एक ही सवाल से इस तरह के बहुविध सवाल निकल आ सकते हैं। आगे की पंक्तियों में बात खुलती है—

हर साल कितने पत्ते गिरते हैं
पाकिस्तान में

पेड़ों से पत्तों के गिरने की तरह पाकिस्तान में इनसान खत्म होते रहते हैं। उसकी कोई गिनती नहीं होती। हमारे बीच सूर्मा बेचकर गुज़ारा करनेवाला नूर मियाँ क्या कहीं पहुँचकर पत्ते की तरह गिर गया होगा? उसका इन्तकाल क्या इतना मामूली रह गया होगा? खुशबू बेचनेवाले एक मामूली इनसान की जिन्दगी क्या बदबू फैलाने लायक हो गया होगा? कुछ भी मुमकिन है। ढेर सारे सवालों, कई आशंकाओं, अनियंत्रित उत्कंठाओं के बीच एक नूर मियाँ यहीं गायब हो गया है। कविता में अपने को प्रवेशित करके कवि स्वयं से सवाल कर रहा है—

तुम चुप क्यों हो केदारनाथ सिंह
क्या तुम्हारा गणित कमज़ोर है

गणित के माहिर लोग भी इन सवालों के लिए जवाब ढूँढ़ नहीं सकते हैं। गणित का मायाजाल यहाँ गड्ड-मड्ड हो जाता है। गणित में कमज़ोर व्यक्ति और गणित में माहिर व्यक्ति इसके लिए जवाब ढूँढ़ नहीं सकता है।

नूर मिया का गायब होना या गायब कर दिया जाना इतिहास का अपठित पृष्ठ है। उसे ही ध्यान से केदारनाथ सिंह पढ़ रहे हैं। वे उस पृष्ठ को बार-बार पढ़ रहे हैं और सवाल-जवाब में उलझते जा रहे हैं। इतिहास की कामयाबी यही है कि मामूली लोगों के किस्से शब्दों में अंकित नहीं होते हैं। वे हवा में सिर्फ टँगे रहते हैं।

नूर मियाँ मामूली जीवन का प्रतिनिधि नागरिक है। उसके साधारणत्व पर कवि जोर दे रहे हैं। इसमें केदारनाथ सिंह की ठोस कविता-दृष्टि स्वयमेव उजागर होती है। नूर मियाँ का समाज से गुम हो जाना हमारे यहाँ क्यों एक गम्भीर समस्या

नहीं है? लघु जीवन के शब्द शिल्पी केदारनाथ सिंह लघुता को इस कविता में पुनः रच रहे हैं।

नूर मियाँ की तरह इब्राहिम मियाँ के बारे में भी केदारनाथ सिंह ने एक कविता लिखी है, 'इब्राहिम मियाँ ऊँटवाले'। यह कविता भी एक ऊँटवाले मामूली इब्राहिम मियाँ की त्रासद अवस्था को लेकर लिखी गई है। इसका परिदृश्य गुजरात में हुए दंगे-फसाद पर आधारित है। कविता में सिर्फ एक पंक्ति में गुजरात का ज़िक्र आया है। लेकिन बस एक पंक्ति पर्याप्त है कि पूरा-का-पूरा परिदृश्य साफ-साफ नज़र आता है। दंगे का कोई विवरण कवि नहीं दे रहे हैं। बस एक संकेत कवि के पास एक फोन कॉल आता है। वह उनके पिता की ओर से, जिनका देहान्त तीन साल पहले हो चुका था। इसे एक फैंटसी के रूप में केदारनाथ सिंह ने प्रस्तुत नहीं किया है। फोन से जो आवाज़ आई वह पिता की थी। पर उनका देहान्त हो चुका था। वह आवाज़ पिता सदृश्य किसी एक बुजुर्ग की हो सकती है। वे इब्राहिम मियाँ से परिचित हैं। पर यहाँ पर कवि को पिता की आवाज़-सी ही लग रही है। यानी कि इस जादुई-सी प्रतीत होनेवाली नाटकीयता में पिता विद्यमान है। पिता की आवाज़ उन्हें बता रही है—

सो, मुझे लगा वे कह रहे हैं—
रात भर बुरी-बुरी खबरें
आती रही गुजरात से
जाओ पूछ आओ इब्राहिम मियाँ का
हाल-चाल

आत्मीय मित्रता से वशीभूत होकर पिता सदृश व्यक्ति की आवाज़ बेटे को आदेश देती है कि इब्राहिम मियाँ का हालचाल पूछ आएँ। दो बातें कविता के प्रसंग में उभरकर आती हैं। पहली बात है कि इब्राहिम मियाँ के परिवार से कवि के परिवार का आत्मीय रिश्ता रहा है। दूसरी मुख्य बात है कि रात-भर गुजरात से बुरी-बुरी खबरों के आने से सम्बन्धित है। कविता का पिता सदृश व्यक्ति की आवाज़ में गहरी आशंका है कि इब्राहिम मियाँ का परिवार सही-सलामत तो है। वे यह जानना चाहते हैं। आत्मीयता को धार्मिक दृष्टि रिश्तों के आधार पर नापती-तौलती नहीं है। आत्मीयता इनसानों के बीच पलती-पनपती है। इस आत्मीय परिदृश्य को पूरी तरह से तबाह करने लायक दंगें ही गुजरात में हुए थे। एकमात्र संकेत के माध्यम

से भीषण सच की तरफ वे इशारा कर रहे हैं। बिना मुखर बनाए उस प्रसंग को वे अवतरित कर रहे हैं। यह प्रसंग हमें इसलिए आतंकित कर रहा है कि ऊष्मल रिश्तों की रंगस्थली में दंगे का विस्फोट हुआ था। मामूली सी जिन्दगी, रिश्तों की ऊष्मलता, आपसी सम्बन्धों का माधुर्य एकाएक खत्म होता है। इसके लिए उस वातावरण की तरफ भी वे संकेत दे रहे हैं।

इब्राहिम मियाँ
मुझे कुछ पल लगे
उनका चेहरा याद करने में
पहले याद आया उनका ऊँट

बाद में बचपन की कई स्मृतियों का ब्यौरा कविता में दिया गया है। यह इसके लिए है कि इब्राहिम मियाँ से जुड़ी स्मृतियों में आत्मीयता लबालब भरी है। मगर अब वह माहौल नहीं रहा। पूरा माहौल बदल गया है। नैतिक पतन के माहौल में सबसे अधिक आतंक मानवीयता को सहना पड़ता है। कविता की प्रत्येक पंक्ति में गुजरात में घटित दंगे-फसाद की बू आ रही है। मनुष्य को मानवीयता की कसौटी पर न कसकर धार्मिक रूढ़ियों की कसौटी पर कसने की चेष्टा होती है। यही सबसे बड़ा आतंक है। इब्राहिम मियाँ उसी पतनोन्मुखता का शिकार हो जाता है। केदारनाथ सिंह की ये दोनों कविताएँ—'सन 47 को याद करते हुए' तथा 'इब्राहिम मियाँ ऊँटवाले' मानवीयता को तिरस्कार भरी दृष्टि से देखनेवाले हमारी पतनोन्मुख संस्कृति को उजागर करती हैं।

इब्राहिम मियाँ का हालचाल पूछा जाता है। जवाब में वे कुछ कह रहे हैं। उसमें एक मामूली इनसान के हृदय की भयावहता का परिचय ही मिलता है।

वे कुछ देर एकटक देखते रहे मुझे
फिर बोले—
कह देना पिता से सब ठीक-ठाक है
हवा है
पानी है
बस्ती के बाहर एक छोटा सा कब्रिस्तान है
सब ठीक-ठाक है!

हवा है, पानी है और एक कब्रिस्तान भी है। मृत्यु तो नज़दीक ही है इब्राहिम मियाँ के संकेत में। किसी भी वक्त मौत उस छोटी सी बस्ती में बिना किसी हिचक के साथ प्रवेश कर सकती है। मौत की यह खौफनाक स्थिति, इक्कीसवीं सदी को अर्थहीन बना देती है। यह हमारी सभ्यता पर पड़ा सबसे बड़ा कलंक है जो धोने से मिटनेवाला नहीं है।

इन दोनों कविताओं में मामूली जिन्दगी बितानेवाले दो इनसानों को कवि ने प्रस्तुत किया है। कवि के लिए मुख्य उनकी इनसानियत है न कि मज़हब। दोनों कविताओं में ऐसे अनेक रूपक हमें मिल जाते हैं जो मामूली जीवन में ही उपलब्ध होते हैं। कविताओं की सहज दृश्यता लघुता को उदाहृत करती है। उसमें केदारनाथ सिंह पूरी तरह से डूबे हुए हैं। लघुता का यह विस्तार कविताओं को सार्थक बनाता भी है।

केदारनाथ सिंह जीवन की सतह को उभारने कवि हैं। यह सतह अपने रेगिस्तानी विस्तार के साथ हमारे सम्मुख उपस्थित है। यहीं से वे अपनी कविताओं के लिए विषय चुन लेते हैं। उसमें हारे हुए लोगों के किस्से भरे पड़े हैं जिन्हें वे कभी भी महिमामंडित नहीं कर रहे हैं। जैसे इन हारे हुए लोगों का जीवन है, हमेशा मायूसी से भरा या फिर भयावहता के आतंक में दबा, वैसे उनकी कविता इनके बीच में जीवित नज़र नहीं आ रही है। वह सतह में ही रहती है और उसके रोएँ-रेशे में बहुत कुछ रेखांकित करती रहती है। लघुता के प्रति कवि का आकर्षण सहानुभूति का प्रतिफल नहीं है। वह सन्ताप की अभिव्यक्ति है। नैतिकता के पक्ष में बने रहने की जिद से ऐसी कविताएँ जन्म लेती हैं। इब्राहिम मियाँ जैसे एक मामूली इनसान को हमें किस नज़र देखना चाहिए? कविता में यह सवाल, भले ही अनुत्तरित क्यों न हो, फिर भी पूछा गया है। ऐसा भी एक सवाल कविता में है, उसे ऐसी नज़र से क्यों देखा जाता है? इसका जवाब कविता में वर्णित वस्तुस्थितियों से जाहिर होता है। केदारनाथ सिंह सतह को, यानी लघुता को, केन्द्र में इसलिए ला रहे हैं कि हमारा समय, जो सरल दिखता है, असल में सरल नहीं है।

कविता के अन्त में कवि कहते हैं कि अपने ऊँट से वंचित, अपने कारोबार से वंचित इब्राहिम मियाँ के बारे में पिता को क्या बताया जाए?

अब आप ही बताएँ
मैं लौट तो आया हूँ इब्राहिम मियाँ से मिलकर
पर कैसे और क्या सूचित करूँ

अपने दिवंगत पिता को
जो अब भी मेरे उत्तर की प्रतीक्षा में होंगे?

वास्तविक पिता दिवंगत हैं। कविता की ये पंक्तियाँ कई ध्वनि-क्षमताओं से युक्त हैं—'पर कैसे और क्या सूचित करूँ/अपने दिवंगत पिता को।' दिवंगत पिता को बताने की जिम्मेदारी से यानी अपनी जिम्मेदारी से कतराने की प्रवृत्ति उनकी नहीं है। कविता उसी नैतिक बल पर टिकी है। समस्या यह नहीं है कि प्रश्नकर्ता जीवित है या दिवंगत। कवि के अन्तर्मन से दिवंगत पिता का प्रश्न उभरकर आया है। उस प्रश्न के लिए उत्तर देना कवि का कर्तव्य है। केदारनाथ सिंह ने नाटकीय चातुर्य से कवि के अन्तर्द्वन्द्व को व्यक्त किया है। कवि के लिए एक ऊँटवाला भी उतना ही मुख्य है जितना देश का सर्वप्रमुख। हमारी नैतिकता में ऐसा कोई पाठ नहीं मिलता है; इसलिए गये-गुजरे लोग विस्मृत करने योग्य समझे जाते हैं। नैतिकता के पतन के इस गम्भीर दौर में कई विस्मृत हो जाते हैं। केदारनाथ सिंह अपनी नैतिकता को छोड़ना नहीं चाहते है। इसलिए उनके लिए ऊँटवाला इब्राहिम मियाँ भी सर्वप्रमुख है। साधारण जीवन के प्रति उनकी यह निष्ठा उनके जीवन विवेक को व्यक्त करती है।

'उत्तर कबीर और अन्य कविताएँ' शीर्षक संकलन की 'कुदाल' नाम की कविता तथा 'मतदान केन्द्र में झपकी' शीर्षक संकलन की 'खुरपी' कविता को एक साथ रखकर देखना उचित लगता है। ये दोनों—कुदाल और खुरपी—ऐसे मामूली औजार हैं जो मिट्टी में काम करनेवाले किसान या माली के काम आते हैं। केदारनाथ सिंह की कविता के सन्दर्भ में यही एक सवाल रहता है कि इन मामूली उपकरणों पर उन्होंने कविता क्यों लिखी? यह सवाल बेमानी भी लग सकता है क्योंकि कविता की विषयवस्तु की स्वीकृति की कोई पाबन्दी निश्चित नहीं की गई है। ऐसा किसी ने नहीं कहा है कि हिमालय पर ही कविता हो, देवदारु पर ही कविता हो, गंगा या यमुना पर ही कविता हो, कृष्ण कन्हैया या श्रीराम पर ही कविता हो। कविता का विषय कुछ भी हो सकता है। यहाँ पर कविताएँ इन उपकरणों पर केन्द्रित हैं। इनकी मामूलियत कविता में मुख्य है।

'कुदाल' शीर्षक कविता कुदाल के गलत जगह पर होने की समस्या को लेकर शुरू होती है। कुदाल को कहाँ रखा जाना चाहिए? यह सही है कि उसे दरवाज़े पर रखा जाना नहीं चाहिए। लेकिन माली ने उसे वहाँ रख दिया—'उसका वहाँ होना/अटपटा लगता है मेरी आँखों को'—यह सही है। अटपटा लगना स्वाभाविक है।

उसे रखने लायक जगह की समस्या कविता के आरम्भ में प्रकट की गई है। लेकिन उस समस्या से मुक्त होकर जब कुदाल को देखा जाता है तो उसकी उपस्थिति एक दूसरा ही अनुभव प्रदान करती है। इस प्रसंग में कुदाल अपनी विशिष्ट उपस्थिति दर्ज करती है।

पर जाते हुए दिन की
धुँधली रोशनी में
उसका वह अजब अड़बंग-सी धूल भरी धज
आकर्षित करती है मुझे

अटपटेपन के अनुभव से आकर्षण के अनुभव तक की दूरी काफी लम्बी है। केदारनाथ सिंह इस कविता में कुदाल को अपनी यथार्थता में ही देखते हैं उसकी अजब अड़बंग-सी धूल भरी धज को वे नकारते नहीं हैं। पर वे आगे कहते हैं कि वह 'मुझे आकर्षित करती है'। कवि का कुदाल के प्रति यह आकर्षण, असाधारण भले ही लगे, कुदाल की विशिष्टता से सम्बन्धित है। वह एक उपकरण है जो अपनी मामूलियत के बावजूद एक खास संस्कृति से हमारा परिचय करा रही है। वह संस्कृति मिट्टी से जुड़ी संस्कृति है जिसे हमारे गलत नगरबोध ने अवहेलना भरी दृष्टि से देखा। हमारी संस्कृति का जो सफेदपोश पक्ष है उसकी मिट्टी का रंग, कीचड़ की बू, प्रकृति की मामूली वस्तुएँ और काम करने से बहते का पसीने से लथपथ होना आदि नापसन्द हैं। काम का साफ-सुथरापन और काम में मिट्टी का लेप अलग-अलग समझा जाने लगे। हमारी संस्कृति का सन्तुलन इस कारण से बिगड़ने लगा था। कविता में मिट्टी से जुड़ी संस्कृति का जीवन्त बिम्ब बनकर कुदाल प्रस्तुत होती है—

काम था
सो हो चुका है
मिट्टी थी
सो खुद चुकी है जड़ों तक
और अब कुदाल है कि एक चुपचाप चुनौती की तरह
खड़ी है दरवाज़े पर

कवि का यह शब्द-प्रयोग अतीव विशिष्ट है—अब कुदाल है कि एक चुपचाप

चुनौती की तरह खड़ी है। कुदाल की यह चुनौती हमारी संस्कृति के असन्तुलित पक्ष को उजागर करती है। उसका महत्त्व है, वैशिष्ट्य है, जीवन को आगे बढ़ाने की ताकत है। इसलिए धूल से धूसरित होने के बावजूद 'वह एक चुपचाप चुनौती' बनकर खड़ी रहती है।

केदारनाथ सिंह का कुदाल की तरफ मुड़ना और उसके महत्त्व को शब्दबद्ध करना आदि कवि-दृष्टि को द्योतित करते ही हैं। कवि जिस परिवेश से आए हैं वहाँ इन चीज़ों को महत्त्व के साथ देखा जाता है। उसी संस्कृति में वे पले और बढ़े। यही भारत की बुनियादी संस्कृति है। भारत में एक अभिजात संस्कृति भी रही; लेकिन उसके साथ-साथ एक सशक्त लोक संस्कृति भी रही है। लोक संस्कृति की जड़ें हमारी धरती की तह तक धँसी हुई हैं। अभिजात संस्कृति अधिकार के साथ जुड़ी रही। लोक संस्कृति कर्मठता के साथ जुड़ी रही। उसका वैविध्य भारतीय जीवन का ही वैविध्य है। वह हमारी कृषि संस्कृति की आत्मा है। केदारनाथ सिंह इसी आत्मा की खोज इन मामूली सी चीज़ों के माध्यम से कर रहे हैं। एक मामूली उदाहरण ही सही, वह अपनी लघुता में, विशिष्ट है। जीवन के साथ उसके नाभिनाल सम्बन्ध को अनदेखा नहीं किया जा सकता।

'कुदाल' कविता में पुन: यह समस्या सिर उठाती है कि उसे कहाँ रखा जाए। नगर संस्कृति और लोक संस्कृति का द्वन्द्व आगे की पंक्तियों में ज़ाहिर होती है—

सोचता हूँ उसे वहाँ से उठाकर
ले आऊँ अन्दर
और रख दूँ किसी कोने में
ड्राइंग-रूम में कैसा रहेगा—
मैं सोचता हूँ
न सही कुदाल
एक अलंकार ही सही
यदि वहाँ रह सकती है नागफनी
तो कुदाल क्यों नहीं?

नागरिकता की मानसिकता इसके लिए तैयार नहीं है—'कुदाल नहीं रह सकती ड्राइंग-रूम में/इससे घर का सन्तुलन बिगड़ सकता है' घर के अलग-अलग स्थान

कुदाल के लिए सोचा जाता है—रसोई घर, पलँग के नीचे वाली जगह आदि। पर सही जगह निश्चित नहीं होती है। तुरन्त कविता का दृश्य बदल जाता है। एक जादुई दृश्य कविता में व्यापित होने लगता है। पूरी नाटकीयता के साथ कवि ने उसका विवरण यों प्रस्तुत किया है—

लेकिन पलँग के नीचे कुदाल
मैं उठाकर हँस पड़ा इस अद्भुत बिम्ब पर
अन्त में कुदाल को सामने रखकर
मैंने कुछ देर सोचा कुदाल के बारे में
सोचते हुए लगा उसे कन्धे पर रखकर
किसी अदृश्य अदालत में खड़ा हूँ मैं
पृथ्वी पर कुदाल के होने की गवाही में

कुदाल की उपस्थिति की अनिवार्यता पर कविता का ज़ोर है। वह एक किसान की उपस्थिति है जिसे समाज से, हमारी संस्कृति से अलग नहीं किया जा सकता। एक अदृश्य अदालत का सृजन करके कवि कुदाल के लिए गवाही देने आया है। पृथ्वी पर कुदाल के होने की गवाही देने आए हैं वे। कुदाल को गुम करने की साजिश के विरुद्ध यह कवि की गवाही भी है। लघुता को बनाए रखने तथा बचाए रखने के लिए वे गवाही देना चाहते हैं।

'खुरपी' भी केदारनाथ सिंह की ऐसी ही एक कविता है जिसकी विस्तृत पृष्ठभूमि हमें 'कुदाल' में उपलब्ध हुई है। खुरपी एक किसानी उपकरण है जिसका उपयोग मिट्टी में काम करने के लिए होता है। एक सामान्य सा उपकरण। उस पर लिखी कविता ने अपने भीतर एक बहुत बड़े सच को सुरक्षित रखा है। उसकी सामान्यता या उसकी लघुता आकारबद्ध है। लेकिन उसकी वास्तविकता की कविता में पर्याप्त 'स्पेस' देकर प्रस्तुत किया गया है। यह भी यहाँ पर विचारणीय कि केदारनाथ सिंह अपनी भाषा की महीन बुनावट के ज़रिये इस 'स्पेस' को ध्वनिक्षम बना दिया है। कविता में खुरपी उत्तरोत्तर विकसित संस्कृति-संरक्षक के रूप में दिखाई दे रही है। जिस किसानी जीवन को हम तिरस्कृत करते रहे उसे कवि अपनी कविता के केन्द्र में रख रहे हैं। लेकिन कविता का वस्तुविन्यास, उसकी भाषा भाववादी नहीं है। दोनों इतने संयमित हैं जिससे कविता का यथार्थ इतिहासबद्ध होकर अवतरित हुआ है—

मैंने देखा
खेत के बीचोंबीच हराई में निहत्था
पड़ी है एक खुरपी
मुझे लगा
आज रात
आदमी ने एक खुरपी पर डाल दिया है
दुनिया की रक्षा का
सारा दायित्व!

दुनिया की रक्षा का दायित्व खुरपी पर डाल दिया है—आदमी ने। यह आदमी कौन है? यह आदमी वह किसान है जिसका पूरा दिन मिट्टी में बीतता है। यह स्वाभाविक है। मगर उसे सामान्य ठहराने की एक गलत दृष्टि जो विकसित हुई है उसके विरुद्ध केदारनाथ सिंह ने खुरपी को खड़ा किया है। किसान के कई उपकरण हैं जिनमें खुरपी सबसे छोटी और मामूली है। पर कवि उसे मामूली वस्तु की श्रेणी में रखने के लिए तैयार नहीं है। उसको मामूली साबित करने का तात्पर्य है कि उसको काम में लानेवाले को भी मामूली घोषित करना। इसलिए खेत के बीचोंबीच निहत्था पड़ी खुरपी को अस्तित्व सहित प्रस्तुत किया गया है। उसका अस्तित्व एक भरी-पूरी संस्कृति का प्रतीक है जिसके प्रति केदारनाथ सिंह का मोहाविष्ट आकर्षण है। पर वह काल्पनिक नहीं है।

कठिन समय में सरल कविताएँ रच पाना सृजनात्मक परिपक्वता का परिचायक है। सरल विषय और सरलता का मोह एक विशिष्ट रचनात्मक तंत्र है जो कठिन समय के तमाम सरलीकरणों के विरुद्ध कवि द्वारा सृजित प्रतिरोध है। परन्तु यह प्रतिरोधी भाव, यानी अपनी लघुता को बरकरार रखते हुए, सामान्य प्रतिरोध के रूप में उद्‌भासित न होकर व्यापक जीवनानुभवों से उद्‌भूत-परिपक्व दृष्टि के रूप में अवतरित होता है। जीवन सम्बन्धी व्यापक दृष्टि, जिसके कई रूप हैं, रचनात्मकता को जटिलता से मुक्त करती है। जीवन की कोई सहज स्वाभाविक दृश्यता या कोई मामूली घटना इस तरह कविता में अभिव्यक्ति पाती है।

केदारनाथ सिंह की कविता 'अमरूद' एक चर्चित रचना नहीं है जैसे 'कुदाल', 'इब्राहिम मियाँ का ऊँट' या 'खुरपी'। इतने पर भी उपर्युक्त उल्लेखित कविताओं की तरह 'अमरूद' की भी चर्चा अनिवार्य है। पहला कारण है कि एक मामूली चीज़ कविता का विषय है। वह कविता लोकानुभव की लावण्यता से भरपूर है।

दूसरा कारण है कि लघुता का प्रतिरोध इस कविता के केन्द्र में है। तीसरा कारण यह है कि लावण्यता और यथार्थता का सन्तुलित सामंजस्य कविता में सर्वत्र देखने को मिलता है। कविता की प्रस्तुति कुछ इस तरह है—

अमरूद फिर आ गए बाज़ार में
और यद्यपि वहाँ जगह नहीं थी
पर मैंने देखा छोटे-छोटे अपरूदों ने
सबको ठेल-ठालकर
फुटपाथ पर बना ही ली
अपने लिए थोड़ी जगह
और अब देखते तो किस तरह एक छोटी सी टोकरी में
वे बैठे हैं, शान से
फुटपाथों के शाहंशाह की तरह।

अपने अनिवार्य संघर्ष के उपरान्त बाज़ार के फुटपाथ पर अमरूदों ने जगह बना ली थी। इस संघर्ष में अनधिकार घुसपैठ की चेष्टा बिलकुल नहीं है। अतिक्रमण रंच मात्र भी नहीं है। स्वयं जीना और दूसरों को जीने देने का सूत्रवाक्य ही इस संघर्ष में निहित है। यह अपने अस्तित्व का तर्क भी है। यह अमरूद का सामान्य, लघुतम प्रतिरोध है इसका अपना इतिहास भी है। जब हम लघु जीवन के अतिदीर्घ इतिहास में प्रवेश करते हैं तो हाशियाकरण का, अतिक्रमण का, ध्वंस का, विनाश का, हत्यारों का, जड़ों सहित उखाड़ दिए जाने के दृश्य सुलभ हो जाते हैं। यहाँ पर वह दृश्य एकदम पलट गया है अमरूदों ने अपनी लघुता के बावजूद अपनी अस्मिता की पहचान को तरजीह दी है। इसका भी किस्सा इतिहासबद्ध है। यह सपनों के साक्षात्कार का इतिहास है, जो ऐसे ही हासिल नहीं हुआ है। इसे कर्मठता के सौन्दर्य का इतिहास भी कहा जा सकता है। इस कारण से ही केदारनाथ सिंह ने ये पंक्तियाँ लिखी हैं—

वे बैठे हैं शान से
फुटपाथों के शाहंशाह की तरह!

अमरूद अब शान से बैठे हैं। वे खरीददार के पास आ गए हैं। जिसने उन्हें खरीदा वह अमरूद की स्वादिष्टता को आजमाना चाहता है। एक फल का बिना

किसी माध्यम के साथ खाए जाने में एक और लोक-दृष्टि सन्निहित है। यह फल का सही फलागम है। उसकी यह वास्तविक पूर्णता है। इसलिए कवि कहता है—

नही, मुझे नहीं चाहिए कोई चाकू
नहीं, मुझे कुछ नहीं चाहिए
मैं नहीं चाहता मेरे दाँतों
और अमरूद के बीच
कोई तीसरा आ जाए।

यहाँ पर अमरूद अपनी पूर्णता का परिचय दे रहा है। यह लोकानुभव की भी पूर्णता है। अपने ढंग से जो अमरूद को दाँतों से काटकर खाता है वहाँ अमरूद अपनी पूर्णता का अनुभव प्रदान कर रहा है। इसमें कोई आदिमता नहीं है। कोई कृत्रिमता भी नहीं है। स्वाद भरा एक जीवनानुभव जो खाते समय तक हमारे हृदय को उल्लसित करता रहता है। दिन के बीतने के बाद भी, महीनों और सालों के बीतने के बाद भी स्वाद का यह पूर्णानुभव लघु वृत्तान्त के रूप में हमारे सामूहिक अवचेतन में रहता है।

मैं बिना मध्यस्थ के
छिलकों और बीजों के बीच से होते हुए
सीधे अमरूद के धड़कते हुए दिल तक पहुँचना चाहता हूँ
जो कि उसका स्वाद है

यहाँ अमरूद को एक चीज़ के रूप में देखा नहीं गया है। उसका 'धड़कता हुआ दिल' जहाँ पहुँचना माने उसके स्वाद को भरपूर ढंग से अनुभव करना आदि अमरूद को उसकी जैविकता में परिवर्तित कर रहे हैं। यही लोकदृष्टि का जैविक अनुभव है। उसमें जाया जा सकता है। उसे लम्बे समय तक जिया जा सकता है। उसकी गन्ध को भरपूर मात्रा में सूँघा जा सकता है। उसके रंग में रँगा जा सकता है।

जीने का वही एक ढंग है
सबसे अचूक
और सबसे भरोसेमन्द
मैंने एक दिन
एक अमरूद से सीखा था।

लघुता की यह चारुता वस्तुतः भारतीय लोक जीवन का वह उत्थान है या निम्नतम तबके की स्वतंत्रता की उद्घोषणा है जिसे जीवन के हर क्षेत्र में अनुभव किया जा सकता है। अमरूद की लघुता इसलिए कविता में स्वीकृत है; साथ-ही-साथ उसकी विराटता भी शब्दबद्ध है। दरअसल यह कविता लघुजीवन के उत्थान की कथा को रेखांकित करनेवाली है।

'घोंसलों का इतिहास' केदारनाथ सिंह की एक अद्भुत कविता है। यह कविता पक्षियों के घोंसलों के बारे में है जो 'अपनी छोटी सी गरिमा' के साथ झूलते रहते हैं। छोटी सी गरिमा के साथ झूलते घोंसलों को कवि ने क्यों विषय बनाया है? छोटी-छोटी चीज़ों पर कविता लिखने की आदत केदारनाथ सिंह में शुरू से रही है। नई कविता के पुरज़ोर दौर में भी उन्होंने ऐसी कविताएँ खूब लिखी हैं। उनमें गाँव, लोकानुभव, लोकरीतियाँ आदि प्रमुख थीं। यह प्रवृत्ति उनकी उस वापसी को चिह्नित करती है जिसमें मानवीयता का स्वर गूँजता सुनाई देता है। जीवन की सामान्यता की तरफ की वापसी एक कवि की सार्थक यात्रा को ही सूचित कर रही है। 'घोंसलों का इतिहास' भी इसी तरह जीवन की ओर वापसी की रचना है।

पेड़ के नीचे से जो घोंसला कवि को मिलता है उसे वे सहेजकर रख रहे हैं। उसके प्रति कोई लापरवाही नहीं है। वह आकर्षण भर के कारण भी नहीं है। उस घोंसले को मुश्किल से बनाए घर की तरह कवि देखते हैं। यह घर है पक्षियों का जिसे मामूली नहीं समझना चाहिए। एक मामूली सी चीज़ कवि के हाथों पक्षी का आवास बन जाती है। उसमें माँ का कक्ष है जो अब भी गरम है। उसमें पक्षी शावकों के कक्ष हैं जो अभी-अभी उड़कर बाहर गए हैं। एक वस्तु का जीवन में तब्दील होना साधारण सी बात नहीं है। जीवन-स्पन्दन का यह गहराता अनुभव केदारनाथ सिंह अपने आसपास की हर चीज़ में देखते हैं। उनके लिए कोई भी वस्तु नगण्य नहीं है। कुछ वस्तुओं को प्रमुख और कुछ चीज़ों को नगण्य समझने की गलती वे कभी करते नहीं हैं क्योंकि हर एक वस्तु में कई प्रकार के सपने जुड़े रहते हैं। दुनिया की चकाचौंध में हम कुछ वस्तुओं को ही देखते हैं, कइयों को अनदेखा करते हैं। इसलिए नीचे पड़ा मिला एक घोंसला उन्हें घोंसलों के इतिहास और जीवन के इतिहास की तरफ ध्यानरत होने के लिए बाध्य करता है—

मैं उसे एक पेड़ के नीचे से
उठाकर लाया था
जहाँ गिरा पड़ा था वह

मैंने अन्दर छुआ
वह अब भी गरम था
शायद वह माँ की कोठरी थी
जो कि शुरू में ही थी
जहाँ पाँच-सात रोएँ अब भी चिपके थे
शायद कोई शिशु डैना अभी-अभी गया था उड़कर

कविता की ये शुरुआती पंक्तियाँ विवरण प्रधान ही हैं। लेकिन इन पंक्तियों में जो जीवनानुभव है वह विवरण को पार कर जा रहा है। घोंसले की प्रस्तुति केदारनाथ सिंह का लक्ष्य नहीं है। उनका लक्ष्य घोंसले में निहित जीवन की प्रस्तुति है। उसमें माँ की कोठरी का उल्लेख अनगिनत भावतरंगों से युक्त है। पक्षी शावकों का संकेत भी है जो अभी-अभी उड़ने की दक्षता से परिचित हो गए थे। उड़ते-उड़ते उनके कुछ रोएँ घोंसले में पड़े मिले हैं। इन पंक्तियों से गुज़रते समय हम पक्षी-परिवार से परिचित होते हैं। उनकी पंक्तियों हैं—

अब एकदम खाली
और अपने में सम्पूर्ण एक घर था वह
आदमी के घर का एक भूला हुआ पूर्वज
एक अद्‌भुत नमूना
किसी पक्षी की वास्तुकला का

पक्षियों के घोंसला-निर्माण को कवि ने आदमी की घर-निर्मिति से जोड़ा है और उसकी वास्तुकला की चारुता की प्रशंसा भी की है। वे पक्षियों के घोंसलों के इतिहास की तरफ ध्यान देने लगते हैं। कब और कहाँ घोंसलों का इतिहास शुरू हुआ था। कवि की दिलचस्पी इस बात में है कि—

कौन सा पक्षी था वह
जिसने नींव में रखा था पहला तिनका?

यह घोंसलों के आरम्भ का इतिहास है। यह सपनों के इतिहास का भी आरम्भ है। यहाँ फिर कवि पक्षियों के घोंसले-निर्माण की ओर आ रहे हैं। तरह-तरह के पक्षी हैं, जिनमें कुछ घोंसले बनाते नहीं हैं। कुछ बना नहीं पाते हैं। इसमें भी जीवन के वैविध्य को गुम्फित करने का कार्य कवि ने किया है—

कौआ वह हो नहीं सकता
वह तो शुरू से ही घोंसला विरोधी है
और तोता?
उसे तो शायद उसकी उड़ान के पहले दिन ही
डाल दिया गया किसी राजा के पिंजड़े में
रहा कठफोड़वा
पर वह तो सीधे पेड़ के सीने में
सेंध लगाता है
और वहाँ भी रह लेता है ठाट से
हाँ-बया पर बात कुछ टिकती जरूर है
पक्षियों की दुनिया में ताजमहल बनाने की दुर्लभ तकनीक
सिर्फ उसी के पास है
पर जो भी हो
सच यही है कि बाज़ार में मिलते नहीं हैं घोंसले
वहाँ सिर्फ पिंजड़े मिलते हैं
इसलिए टूट जाने के बाद उन्हें हर बार बनाना पडता है
नए सिरे से

उतने ही धीरज
और शायद उससे भी ज्यादा जोखिम के साथ

'घोंसले का इतिहास' कविता में विभिन्न पक्षियों के घोंसला-निर्माण के विवरण के पश्चात पुनः कवि इतिहास की तरफ ध्यान केन्द्रित करते हैं। यह मात्र घोंसलों के इतिवृत्त की खोज नहीं है। वस्तुतः यह जीवन की खोज है। कवि उस नाज़ुक क्षण की खोज में मग्न है कि कब किसी पक्षी की चोंच और तिनके के बीच भेंट हो पाई है। यह जीवन के इतिवृत्त के निर्माण का क्षण है। पक्षियों के सृजनात्मक चातुर्य का अन्वेषण वे जारी रख रहे हैं। आलीशान मकान या हवेलियाँ ही आवास-केन्द्र नहीं हैं। प्रत्येक घर, चाहे वह जितना छोटा क्यों न हो, आवास केन्द्र है। उसी तरह प्रत्येक घोंसला, जिसके लिए प्रयुक्त तिनकों के टुकड़े, पक्षियों का आवास केन्द्र है। ये जीवन-केन्द्र हैं। इनमें तरह-तरह के जीवन व्यतीत हुए और स्वतंत्रता की साँस भी ली गई है। भले ही किन्हीं पुरातत्त्ववेत्ताओं ने इस ओर ध्यान न दिया

हो फिर भी पक्षी ने अपनी चोंच के सहारे बिखरे पड़े तिनकों को बटोरकर घोंसला बनाया है। जीवन के इतिवृत्त की तरफ कवि ध्यान दे रहे हैं—

मैंने कोशिश बहुत की
पर अन्ततः पाया कि पहली चोंच
और पहले तिनके की उस पहली भेंट तक
कोई रास्ता नहीं जाता
किसी पुरातत्त्ववेत्ता ने देखा ही नहीं
कभी उस तरफ मुड़कर

भले ही कोई रास्ता उस इतिवृत्त की तरफ न जाता हो फिर भी घोंसलों का अपना इतिहास है। भिन्न-भिन्न मौसम में अपने सपनों के साक्षात्कार के लिए पक्षियों ने घोंसले बनाए होंगे। सामान्य जीवन के इतिवृत्त की तरफ पुरातत्त्ववेत्ताओं का ध्यान न जाना स्वाभाविक है। क्योंकि ये विजेताओं के द्वारा निर्मित विशिष्ट स्मारक महल नहीं हैं। ये प्रसिद्ध किले भी नहीं हैं जहाँ कई-कई घमासान लड़ाइयाँ लड़ी गई हों। वास्तुकला के देश-विदेश के शिल्पियों की करामात इनमें नहीं है। लेकिन घोंसले भी विशिष्ट वास्तुकला की परिणतियाँ हैं। इनके लिए हमारे इतिहास में स्थान प्राप्त न हो फिर भी उनकी विशिष्टता को अनदेखा किया नहीं जा सकता।

आगे कविता में विभिन्न पक्षियों के घोंसलों का विवरण है। देश-विदेश के पक्षियों के घोंसलों के बारे में वे विवरण प्रस्तुत कर रहे हैं। विवरण के आरम्भ में ही कवि ने एक महत्त्वपूर्ण बात कही है—

पर सोचता हूँ क्या राष्ट्रों के इतिहास की तरह
अलग-अलग होता है घोंसले का इतिहास भी?

स्पष्ट है कि राष्ट्रों के इतिहास की तरह घोंसलों का इतिहास भी सम्भव है। यह एक सूचक तत्त्व है। क्योंकि यहाँ तुलना राष्ट्र के साथ की गई है। यानी घोंसला भी उतना मामूली नहीं है जितना उसके बारे में प्रचलित विचार है। कवि ने नाइजीरियाई बगुलों और भारत के बगुलों तथा ईरानी अबाबीलों और मंगोल के अबाबीलों का ज़िक्र किया है। लेकिन कवि ने एक और महत्त्वपूर्ण बात कही है—

ईरानी अबाबीलें
जब किसी घोंसले के बन जाने का

मनाती हैं जश्न
तो क्या पहुँचता नहीं न्यौता
मंगोल अबाबीलों को?

इस तरह घोंसलों के निर्माताओं की इतिवृत्त-प्रस्तुति के ज़रिये घोंसलों के इतिहास की सार्थकता और प्रासंगिकता की ओर भी वे संकेत दे रहे हैं। एक उनका अलग इतिवृत्त जिसका वैशिष्ट्य अवहेलित करने योग्य नहीं है जबकि आत्मसात करने योग्य है।

कवि घोंसलों के इतिहास को शोध के विषय के रूप में रखने के पक्ष में नहीं है। शोध के विषय के रूप में इसको ले लिये जाने पर वह विषय ही नहीं बल्कि घोंसले भी भहराकर गिर पड़ेंगे। अतः उनका मानना यही है—

इसलिए अच्छा यही होगा
कि घोंसलों को छोड़ दिया जाए पेड़ पर ही
जहाँ अपनी छोटी सी गरिमा में
झूलते रहे वे
इतिहास के दूसरी तरफ।

घोंसलों की छोटी सी गरिमा कविता का केन्द्रीय तत्त्व है। केदारनाथ सिंह अकसर इसी लघुता को सामने लाते हैं। उसके हर रोएँ-रेशे में उनका ध्यान जाता है। उसका महत्त्व ही उनका विषय नहीं है उसका सौन्दर्य भी विषय है। उसकी प्रासंगिकता पर हमेशा उनका ज़ोर रहता है।

समाज की माँग के अनुसार खेत की उत्पादन-क्षमता बढ़ाने हेतु कई प्रकार के कीटनाशक और रासायनिक खाद को विकसित किया गया है। एक तरफ पर्यावरणविद इसका विरोध करते हैं फिर भी आधुनिक कृषि-रीतियाँ पूरी तरह से बदल गई हैं। पारम्परिक कृषि-रीतियों के प्रति अवहेलना दिनोंदिन बढ़ रही है। हमारे चावल, हमारे दाल और अन्य वस्तुएँ हानिकारक बनती जा रही हैं। बाज़ारीकरण ने इस प्रवृत्ति को दुगुना-चौगुना कर दिया है। बाज़ार यह तय करता है कि खाद्य उत्पाद कैसे हों, कितनी मात्रा में चाहिए। सभी फैसले बाज़ार स्वयं कर रहा है। खेत से उत्पादित होनेवाली चीजें माल बन जाती हैं। चावल एक माल (प्रोडक्ट) है, गेहूँ भी। खेतों में कड़ी मेहनत करनेवालों के लिए ज्यादा फायदा नहीं है। एक जड़ यांत्रिकता के तहत कृषि, कृषि-रीतियाँ, कृषि-उत्पाद, उत्पादों की बिक्री, मंडी

की विशिष्ट संस्कृति, वैश्वीकरण का दुष्प्रभाव आदि घुल-मिल गए हैं। कई कोनों से इसके विरोध हो रहे हैं। प्रतिरोध को पुरज़ोर बनाने की कार्रवाइयाँ चल रही हैं। इन सबका मुख्य लक्ष्य किसानों की सुरक्षा है, खाद्य वस्तुओं की शुचिता है, मिट्टी की पवित्रता है। यह कोई पुरानी विचारधारा नहीं है। यह पारम्परिक है जरूर है; परन्तु आधुनिक दृष्टि भी है।

केदारनाथ की 'एक छोटा सा अनुरोध' शीर्षक कविता किसानी जीवन को सुरक्षा प्रदान करने से सम्बन्धित है। मंडी की संस्कृति का विरोध भी इसमें है। बाज़ार के तंत्रों का पर्दाफाश कवि का लक्ष्य है। अकसर जिस तरह से कविताओं में प्रतिरोध सृजित किया जाता है उसकी विपरीत दिशा में यह कविता बढ़ती है। कविता मिट्टी की ओर की वापसी पर ज़ोर देती है। उसको केदारनाथ सिंह ने उदात्तीकृत नहीं किया है बल्कि हर वस्तु के मूल तक एक पवित्र प्रयाण के लिए तैयार खड़े दीखते हैं—

आज की शाम
जो बाज़ार जा रहे हैं
उनसे मेरा अनुरोध है
एक छोटा सा अनुरोध
क्यों न ऐसा हो कि आज शाम
हम अपने थैले और डोलचियाँ
रख दें एक तरफ
और सीधे धान की मंजरियों तक चलें

धान की मंजरियों की तरफ की यात्रा कवि के लिए एक पवित्र यात्रा है। उनका अनुरोध बाज़ार जानेवालों से है। यह एक सामान्य अनुरोध प्रतीत होता है। मगर यह एक प्रतिरोध है बाज़ार के विरुद्ध। बाज़ार के तमाम गूढ़ तंत्रों को तोड़ने का जैविक तंत्र है। वह इसलिए भी कवि के लिए पवित्र है वे धान की मंजरियों की तरफ सब को ले जाना चाहते हैं। यहाँ एक विराट तंत्र के स्थान पर एक मामूली दृष्टि केन्द्र में आती है। कवि उसी को महत्त्व देते हैं। लघुता के सौन्दर्य जगत की ओर की पवित्र यात्रा इस कविता को संवेदनाधर्मी बना देती है।

कवि सबको लेकर खेत की तरफ जा रहे हैं। उनकी यह यात्रा ही प्रतिरोध की सूचक है। वे बाज़ार जानेवालों को रोकते हैं। उसकी विपरीत दिशा में खेत का जो विस्तार है जहाँ चावल, गेहूँ आदि अपनी-अपनी मूल अवस्था में हैं। कवि के शब्दों में—

हम सीधे वहाँ पहुँचें
एकदम वहीं
जहाँ चावल
दाना बनने के पहले
सुगन्ध की पीड़ा से छटपटा रहा हो

यह एक अद्भुत दृश्य है क्योंकि स्त्री के गर्भ में भ्रूण के विकास की तरह की प्रक्रिया है। अब बाज़ार से अलग खेतों के बीचोंबीच चावल के साथ का पवित्र साक्षात्कार है। इसलिए कवि का मानना है—

उचित यही होगा
कि हम शुरू में ही
आमने-सामने
बिना दुभाषिये के
सीधे उस सुगन्ध से
बातचीत करें
यह रक्त के लिए अलग है
अलग है भूख के लिए
नींद के लिए

उत्पादकता को बढ़ाने योग्य वस्तुओं से मुक्त चावल का बनना यहाँ दृश्यवत होता है। ऐसा चावल जो मनुष्य के हित में बन रहा है। कवि का मानना है कि इसके बारे में हम चावल से बात कर सकते हैं। उसकी सुगन्ध से संवाद कर सकते हैं। इसके लिए हमें दुभाषिये की जरूरत नहीं है। हम सीधे बात कर सकते हैं। चावल के लिए जितने भी हानिकारक वस्तुएँ हैं उन सबको खारिज करके पवित्रतम चावल को व्यापने के लिए खेत पहुँचे गए हैं कवि। इसलिए वे यह मानते हैं कि ऐसे चावल, जो सुगन्ध से युक्त हैं, भूख के लिए तथा सुखद नींद के लिए अच्छा है। पवित्र वस्तुओं की सम्भावनाएँ—यह एक सही इशारा है।

बाज़ार की रणनीति से परिचित होने के कारण केदारनाथ सिंह अपनी इस कविता में—'एक छोटा सा अनुरोध'—खेत-खलिहानों के धानों एवं अन्य वस्तुओं के साथ सीधा सम्बन्ध रखने के पक्ष में हैं। आधुनिकीकरण के विकास तंत्रों ने सबसे पहले हमें एक कृत्रिम दृष्टि प्रदान की। हम अपनी मिट्टी से अलग हो गए हैं। हम

अपनी कृषि संस्कृति से कटते गए हैं। इन सबके प्रति हमारा कोई आकर्षण नहीं रहा। विषयान्तर न सही एक सवाल मन में उठता है। हम किसे अपनी मातृभूमि कहते हैं? अपने आसपास के मोहल्ले को? या फिर अपने राज्य को? मातृभूमि एक विराट संकल्पना है। वह हमें अपनी धरती से मिलाती है यह कोई भावात्मक रिश्ता नहीं है। यह एक यथार्थ रिश्ता है। यदि वह यथार्थपरक है तो उसकी हर वस्तु के साथ हमारा नाभिनाल सम्बन्ध भी होता है। इसलिए इस रिश्ते को आसानी से काटा नहीं जा सकता। लेकिन कृत्रिम आबोहवा में जीते-जीते हम इन सबसे हटते गए और कटते भी गए। केदारनाथ सिंह की इस कविता की प्रासंगिकता इसी तथ्य पर निर्भर है। वे खेतों की तरफ की यात्रा को इतना पवित्र मान रहे हैं कि वहाँ चावल की सुगन्ध से बात करने की इच्छा बलवती है। इस संवाद के बीच में वे बाज़ार को हरगिज़ नहीं चाहते हैं। आदमी और उसकी मूल प्रकृति के साथ सम्बन्ध है, उसके बीच में किसी को भी हस्तक्षेप करने की आवश्यकता नहीं है। केदारनाथ सिंह के लिए खेतों के तरफ की यात्रा कल्पनाप्रवण मानसिकता का प्रतिफल नहीं है। वह उनके लिए ठोस है। बाज़ार के कुतंत्रों से हटकर सीधे वहाँ जाने की बात एक मुखर आह्वान है। परन्तु उसे आह्वान के रूप में उन्होंने प्रस्तुत नहीं किया है। आत्मीय रिश्ते के अकृत्रिम जुड़ाव के रूप में वे इसको देख रहे हैं। इसलिए वे लिखते हैं—

कैसा रहे
बाज़ार न आए बीच में
और हम एक बार
छुपके से मिल आएँ चावल से
पुदीने से
नमक से
कैसा रहे
एक बार सिर्फ एक बार

वास्तविकता की पहचान के लिए एक बार जाना पर्याप्त है। एक सही आवाजाही। इस कविता में खेत, किसान, किसानों की कर्मठता, खेतों से उत्पादित धान व अन्य चीजें, उन सबके खरीददार, सबके बीच का अलग-सम्बन्ध, कृत्रिमता का विरोध, धरती के प्रति विनम्र भाव, धरती से आती वस्तुओं को सर्वात्मना स्वीकार करने

की सद्भावना आदि विद्यमान हैं। कृषि संस्कृति की पारम्परिकता सर्वत्र उपस्थित है। सामाजिक विकास की कृत्रिमता के विकल्प के रूप में वे ये प्रस्तुत कर रहे हैं। सामान्यता का सौन्दर्य विराटता के सौन्दर्य के समक्ष अत्यधिक सकारात्मक दीखता है। केदारनाथ सिंह की यह कविता बाज़ार की विराटता के प्रति सामान्यता का प्रतिरोध है; लघुता का सौन्दर्यात्मक सम्बोधन है।

'झरबेरियाँ' केदारनाथ सिंह के लिए मात्र कँटीली झाड़ियों में उपलब्ध होनेवाला मामूली पौधा नहीं है जिसमें झरबेरियाँ निकल आती हैं। यह उनके लिए एक खूबसूरत वनस्पति की सार्थक उपस्थिति है। झरबेरियों की उपस्थिति से कवि-मन आश्वस्त है—

यही होता है हर बार
हम उन्हें भूल चुके होते हैं पूरी तरह
कि एक दिन अचानक झोंप की झोंप
दिख जाती हैं वे कँटीली झाड़ियों में
और एक गहरी आश्वस्ति में
हम झुका देते हैं सिर
कि चलो अच्छा है
झरबेरियाँ अब भी होती हैं पृथ्वी में

क्या सचमुच झरबेरियों के पौधे या उनमें दिखती झरबेरियाँ खूबसूरत हैं? यह सवाल इसलिए निरर्थक है क्योंकि कवि-मन झरबेरियों के दर्शन मात्र से आश्वस्ति का अनुभव कर रहा है। यही नहीं वे अपना सिर भी झुका लेते हैं कि पृथ्वी में अब भी झरबेरियाँ हैं। झरबेरियों की उपस्थिति के प्रति मन का यह ऐक्य सुन्दरता का जन्मगेह है। इसी गेह में मन आश्वस्ति का अनुभव भी करता है। अब प्रश्न यह है कि क्या झरबेरियाँ कविता का प्रमेय बनने के कारण कवि-मन उल्लसित है? नहीं, ऐसा नहीं है। झरबेरियाँ, जो अकसर मामूली कँटीली झाड़ियों में मिलते फलदार पौधों में गिने जाते हैं, मुख्य रूप से किसी के चित्त को आकर्षित करती नहीं हैं। लेकिन कवि मन आकर्षित है। उन्हें देखते ही पृथ्वी की इस अपूर्व वनस्पति से वे आश्वस्त होते हैं। यह आश्वस्ति कवि के लिए व्यक्ति के स्तर पर प्राप्त सुखोल्लास नहीं है। झरबेरियों के साथ जुड़े कुछ दृश्य हैं जिनमें इन्हें तोड़ने आनेवाली लड़कियों का दृश्यबिम्ब है जो निपट साधारण है। उस साधारण दृश्य का सौन्दर्य कवि प्रतिपादित कर रहे हैं। उसका सौन्दर्य एक लोक समूहगान की तरह लयबद्ध और सुरीला

है। झरबेरियाँ तोड़ती लड़कियों के झुंड़ का, जो कि संगीतमय और सौन्दर्यमय है, विवरण केदारनाथ सिंह इस तरह दे रहे हैं—

कुछ देर रुककर
वे मुआयना करती हैं झरबेरियों का
जब तय करना होता है उनकी उँगलियों को
कि काँटों के विरुद्ध कौन सी रणनीति
अपनाई जाए इस बार
क्योंकि हर नई शुरुआत से पहले
पिछली रणनीति
व्यर्थ हो चुकी होती है
और एक बार जब हो जाता है फैसला
वे धँस जाती हैं हवा की तरह
कँटीली झाड़ियों में
और सिर झुकाकर इस तरह तन्मय
जुट जाती हैं अपने काम में
जैसे झरबेरियाँ तोड़ना
किसी पुरातन संगीत की कोई भूली हुई लय हो

पूरा-का-पूरा परिदृश्य इतना लघुतम है कि उसमें निहित सौन्दर्य से कवि मग्न है। इसलिए झरबेरियाँ तोड़ते समय तन्मय दीखती लड़कियाँ भी सौन्दर्य की प्रतीक हैं। काँटों से अपने को बचाकर वे इस काम में लगी हुई हैं। इस दृश्यता की लघुता कहीं दर्ज नहीं है, दर्ज भी नहीं हो सकती। केदारनाथ सिंह की कवि-दृष्टि सदैव ऐसे दृश्यों पर ज़्यादा टिकती है। उन दृश्यों के अपनत्व को, उसकी ऊष्मलता को तथा उसकी आत्मीयता को ही वे शब्दबद्ध करते हैं क्योंकि वे अनछुए फूल की तरह सौन्दर्य से आच्छादित हैं। यह लघुता उनके कविता-प्रतिमानों में सबसे अधिक मुख्य है। इसमें विस्तार है, गहराई है और सौन्दर्य भी। जीवन की पूरी अर्थवत्ता हम इस लघुता में ढूँढ़ सकते हैं। जहाँ जीवन की अर्थवत्ता भरी पड़ी है उसे कैसे अनदेखा किया जाए।

लघुता में वे जीवन की अर्थवत्ता कैसे ढूँढ़ते हैं? इसमें सिर्फ उनका औत्सुक्य ही नहीं है बल्कि वे हमारी संस्कृति की असलियत का पता लगाने में व्यस्त

दीखते हैं। झरबेरियाँ जीवन की मुख्यधारा में स्वीकृत फल नहीं हैं। लोक समाज में ये स्वीकृत हैं; इनके स्वाद का खूब आनन्द भी लिया जाता है। लेकिन स्वीकृत फल-समूहों में झरबेरियों का नामोनिशान नहीं है। इस कारण से ही कवि का कहना है—

यह भूला हुआ सच परेशान करता है मुझे
कि ये वही झरबेरियाँ हैं
जिन्हें शायद सभ्यता के पहले दिन ही
सूची से काटकर फेंक दिया था बाहर

और यहाँ यह असुविधाजनक सवाल
मैं उठाना नहीं चाहता
कि सभ्यता की सूची किसने बनाई थी?

कहते हैं तब से आदमी का स्वादबोध
झरबेरियों के स्वाद से
बहुत आगे निकल गया है

सभ्यता के पहले दिन ही झरबेरियों को फलों की सूची से काटकर बाहर फेंक दिया था। हमारे समाज की यह प्रवृत्ति है कि सामान्य वस्तुओं को प्राथमिकता की सूची में बाहर कर देना है। जो आदिम है, जो मामूली है उन्हें काटकर फेंकना। मनुष्य की स्वीकृति भी इन्हीं प्रतिमानों के आधार पर हुई थी। अलग-अलग जातियों में, नस्लों में, समाजों में मनुष्य को वर्गीकृत किया गया और जो निम्नतम है उन्हें समाज से काटकर फेंक दिया गया। वरेण्यता का जो प्रभुत्व-दृष्टि है उसी ने ऐसा किया है। अपनी वरेण्यता के बल पर, कृत्रिम धार्मिक अनुष्ठानों के बल पर, कृत्रिम ईश्वरीय नीति की दुर्गन्ध भरी वैचारिकताओं के आधार पर ऐसे लोगों को बहिष्कृत करने का तंत्र बलवती होता गया। केदारनाथ सिंह की यह कविता उस तंत्र की तह तक जाती नज़र आ रही है। झरबेरियों के बहाने, लघुता के बहाने वे इस कूटनीति का सच सामने ला रहे हैं। वे बताते हैं कि 'यह भूला हुआ सच परेशान करता है मुझे' कि सभ्यता के पहले ही दिन से इन्हें सूची में से हटा दिया था और फेंक भी दिया था। अपने स्वभाव की बुनियादी सौम्यता

के साथ केदारनाथ सिंह यह भी पूछते हैं कि सभ्यता की सूची किसने बनाई थी? प्रश्न सौम्य ही प्रतीत होता है। मगर उसका असर कतई सौम्य नहीं है। वह हमारी स्वीकृत संस्कृति पर लगाया गया अंकुश है जिसको बहुसंख्यता के बल पर अपने वर्चस्व के बल पर खारिज करना मुश्किल नहीं है। लेकिन यह सवाल हमारी हवाओं में अब भी टँगा हुआ है।

हमारे स्वादबोध ने झरबेरियों के स्वाद को पूरी तरह से नकारा है। ये कँटीली झाड़ियों के फल हैं। ये जंगली हैं। लेकिन इस खयाल की धज्जियाँ उड़ाती हुई झरबेरियों तोड़ने आती ग्रामीण लड़कियाँ एक मामूली घटना या दृश्य नहीं है। वह एक सख्त स्थापना है। शत-प्रतिशत प्रतिरोध। झरबेरियाँ तोड़ने के मुश्किल काम में उन्हें कठिनाइयों का सामना करना पड़ता है। उनकी उँगलियों में काँटे लग जाते हैं। खून निकल आता है। खून के निकलने से वे हताश होती नहीं हैं। इसमें भी लघुता का सौन्दर्य सन्निविष्ट है। जिस फल को जिस व्यापक समाज ने बेस्वाद फल करार दिया था उसी को बारी-बारी से वे अपने थैले में भर देती हैं। यह काम उनके लिए अपमानजनक नहीं बल्कि अभिमानजनक है। उनका हृदय भरा-भरा रहता है। इस प्रसंग में कवि ने दो पंक्तियाँ लिखी हैं—

फिर धीरे-धीरे
जब भर जाते हैं उनके थैले
और अपनी आत्मा के सुनसान में
कहीं भर जाती हैं वे भी

यह एक विस्मयकारी दृश्य है। यहाँ जीवन का सौन्दर्य भरा पड़ा है। बस उसका आस्वादन करना है। उसके लिए चाहिए कि हमारे पास संस्कृति के सुपाठ से प्राप्त विशिष्ट पहचान हो, संस्कृति के कुपाठ से प्राप्त कुतंत्र नहीं। कर्मठता और सौन्दर्य-बोध ने मिलकर उन लड़कियों को, यानी उनके लघु समाज को यह सबक सिखाया है कि सौन्दर्य कृत्रिम आडम्बरों एवं महँगे आभूषणों, वस्त्रों से सज्जित, गुब्बारा नहीं है। वह आदि जल स्रोत की तरह प्रवाहमान जीवन की लय भी प्रचुरता है जिसका आस्वादन कृत्रिम बुद्धिवाले कर नहीं पाएँगे। इसलिए ये ग्रामीण लड़कियाँ अपने लहू और झरबेरियों का एक मिला हुआ स्वाद है, आस्वादन करती हैं। इसे कवि मानवीय गरिमा की श्रेणी में रखकर उसे शिखरता प्रदान करते हैं।

पानी, नदियाँ, बाढ़ आदि केदारनाथ सिंह की कविताओं में बार-बार

आनेवाले बिम्ब हैं। ये उनके लिए जीवन के बिम्ब है। उन्होंने घोषित किया था कि 'पानी मेरा धर्म है'। पानी के नीचे कीचड़ भी है। कीचड़ उनके लिए तिरस्कार योग्य नहीं है। एक कविता उनकी कीचड़ पर केन्द्रित है। उसका शीर्षक है, 'कृतज्ञ कीचड़'। जल को स्वीकार करनेवाले कवि कीचड़ को भी स्वीकार करते हैं। समान स्वीकृति का यह प्रतिमान जीवनीशक्ति को ही द्योतित कर रहा है। पानी के नीचे कीचड़ होता है; एक तरह से वह प्रकृति की निचोड़ है। इस कविता में कवि ने कीचड़ के प्रति कृतज्ञता व्यक्त की है। इसमें हम एक दृश्य देख रहे हैं जो सामान्यता गाँवों में गरमी के मौसम में सुलभ हैं। वह दृश्य इस प्रकार है—

उस कीचड़ के तल में
बस जरा सा जल था
कोई जानवर अभी-अभी गया था
उसे जबड़ों में सुड़ककर
उसके जबड़ों की
गरम-गरम भाप
अब भी टँगी थी हवा में
खुरों के लम्बे निशान गवाह थे
कि कृतज्ञ कीचड़
उस प्यासे को छोड़ने
कुछ दूर तक गया था
दुनिया बचाने के
गुरूतर कार्य में
तुच्छ कीचड़ का यह अपना योगदान था।

यहाँ पर एक स्थिर और गतिशील दृश्य को मिलाने का कार्य कवि ने किया है। एक तरह से स्थिर दृश्य में गतिशील दृश्य का हस्तक्षेप यहाँ हुआ है। इसलिए अन्ततः दृश्य की गतिशीलता मुख्य हो उठती है। जानवर का आना और कीचड़ के तल में बचे पानी को सुड़ककर पीना और उसके खुरों में लगे कीचड़ के निशान कुछ दूर तक जो दिखाई देना आदि को कवि ने कीचड़ के प्रेमभाव के रूप में देखा है। उस प्यारे जानवर को छोड़ने वह कीचड़ पीछे-पीछे गया था। कवि के अनुसार दुनिया को बचाने का यह एक गुरूतर कार्य है जो सही अर्थ में कीचड़

निभा रहा है। उसका यह योगदान है। इस तरह की कविताओं को ग्रामीण परिदृश्य से सम्बन्धित कविताओं की श्रेणी में रखकर जब हम देखते हैं तो कविता संवेदना की सघनता से वंचित हो सकती है। 'कृतज्ञ कीचड़' सीमित संवेदना की कविता नहीं है। कवि के ही शब्दों में कीचड़ 'तुच्छ' है। परिदृश्य चाहे ग्रामीण हो या शहरी कीचड़ 'तुच्छ' ही है। सवाल यही है कि उस तुच्छता को कैसे आँका जाए? मैल के पर्याय के रूप में या बद्बूदार वस्तु की हैसियत से? ये दोनों कीचड़ की वास्तविकता है। यथार्थ के इस एकायामी तलस्पर्शी दृष्टि से उसे देखने पर हमें ऐसा ही प्रतीत हो सकता है। मगर कीचड़ का अपना योगदान है। वह अपने पास पानी पीने आए जानवर को यथेष्ट सहूलियत प्रदान करता है। कवि की महत्तर कल्पना में जानवर के खुरों का निशान में पड़ना मामूली दृश्य नहीं है। यहाँ पर कीचड़ की दृश्यता गतिशील हो जाती है। अपने पास पानी पीने आए जानवर को प्रेम से बिदा करने कीचड़ कुछ दूर तक चला गया था। सम्भवतः एक मोड़ पर उसने जानवर को बिदा की होगी। कीचड़ को भी यहाँ हमारे अच्छे संस्कार से जोड़कर देखना, बड़ी बात है। कवि के यहाँ हर चीज़ मूल्यवान और संस्कारवान हो उठती है। उनके लिए यह समस्या मुख्य नहीं है कि वरेण्यता की संस्कृति इन सब चीज़ों को किस दृष्टि से देखती है। कवि के लिए बृहद जीवन और उसके आसपास की प्रत्येक वस्तु, चाहे सुन्दर हो या असुन्दर, भली हो या बुरी, मामूली हो या विशिष्ट, स्वीकार्य हैं। इसलिए वे कीचड़ को उसी के आधार पर देखते हैं। अपने एक गतिशील बिम्ब के ज़रिये कीचड़ के योगदान को रेखांकित करके वे लिख रहे हैं कि 'दुनिया को बचाने के/गुरूतर कार्य में/तुच्छ कीचड़ का यह अपना योगदान था।'

केदारनाथ सिंह की 'पानी से घिरे हुए लोग' कविता में बाढ़ के आने पर इधर से उधर और उधर से इधर भागनेवाले गाँववालों के अलग-अलग चित्र मिलते हैं। नदियों के आसपास रहनेवालों के लिए बाढ़ एक यथार्थ है। उसको वे नकारते नहीं हैं बल्कि स्वीकार करते हैं। ऐसे गाँववालों की जीवनी-शक्ति पर केन्द्रित यह कविता विराट न सही एक अद्भुत चित्र प्रस्तुत करती है। केदारनाथ सिंह के लिए उनकी यह जीवनीशक्ति मुख्य है—बिखरने के बाद जुड़ने की इच्छा रखनेवाले, भटकने के बाद फिर से एक साथ होनेवाले, सब कुछ नष्ट होकर भी उमीद न छोड़नेवाले लोग, मुश्किलों के बीच कुछ सपनों को सँजोकर रखनेवाले लोग इस कविता के फोकस में जिन्दा हैं।

पानी से घिरे हुए लोग
प्रार्थना नहीं करते
वे पूरे विश्वास से देखते हैं पानी को
और एक दिन
बिना किसी सूचना के
खच्चर, बैल या भैंस की पीठ पर
घर-असबाब लादकर
चल देते हैं कहीं और

अपनी रोज़मर्रा जिन्दगी की अन्य मुश्किलों की तरह ऐसे लोग बाढ़ को देख पाते हैं। यह उनकी कोई तटस्थ दृष्टि नहीं है। कठिनाइयों के बीच रहने के आदी होने से वे ऐसा कर पा रहे हैं। बाढ़ की कठिन स्थिति के सामने वे प्रार्थनावत मुद्रा में खड़े नहीं होते हैं। यह उनकी नास्तिकता नहीं है; जैसे केदारनाथ सिंह ने लिखा, "वे पूरे विश्वास से देखते हैं पानी को।" पानी पर उनका भरोसा है। यह गलत निकल सकता है; फिर भी वे अपने भरोसे पर अडिग हैं। लेकिन कभी-कभी पानी बढ़ आता है तो किसी-न-किसी प्रकार वे बच निकलते हैं। मुश्किलों की निरन्तरता उनके लिए सहज सी हो गई है। इस कारण से बाढ़ की स्थिति की भयावहता के बावजूद उन्हें उम्मीद की एक किरण भी मिल जाती है—

यह कितना अद्‌भुत है
कि बाढ़ चाहे जितनी भयानक हो
उन्हें पानी में
थोड़ी सी जगह जरूर मिल जाती है
थोड़ी सी धूप
थोड़ा सा आसमान

उम्मीद की किरण से मिलती ये सहूलियतें उनकी जीवनी शक्ति का प्रतिफल है। इसीलिए तो वे जीते हैं। जहाँ भी उन्हें थोड़ी जगह मिल जाती है वहाँ अस्थायी तौर पर एक छप्पर बना लेते हैं। केदारनाथ सिंह ने पानी से घिरे हुए लोगों के जीवन के यथार्थ के दोनों पक्षों को बारी-बारी से प्रस्तुत किया है। एक में उभरने का दृश्य है और दूसरे में कई चीज़ों के बह जाने का दृश्य है। एक उम्मीद का है तो दूसरा तबाही का है। यथार्थ इन दोनों पक्षों के साथ जुड़ते और भिड़ते ही पानी

से घिरे हुए लोगों का जीवन आगे सरकता जाता है। जीवनेच्छा के अन्तिम पड़ाव तक उनकी यात्रा अबाध गति से चलती रहती है। कविता में बाढ़ के आतंक को कवि ने दिखाया ही है। अँधेरे और मद्धिम रोशनी के बीच रेंगती उनकी जिन्दगी जीवनी शक्ति के रूपक की तरह कविता में दिखाई देती है। यह सवाल पूछा जा सकता है कि ये और कहीं क्यों नहीं जा रहे हैं? सवाल के रूप यह सौ फीसदी सही है। परन्तु जवाब इसका यही है कि जाएँ कहाँ? ये लोग कहीं नहीं जा सकते। पानी के घिरे हुए प्रदेश के ये वासी हैं। बाढ़ उनके जीवन का अभिन्न हिस्सा है। उसको अपने अन्तर्मन में इन लोगों ने स्थान दिया है। वस्तुत: इसे जीवन के प्रति समर्पण कहना उचित लगता है।

केदारनाथ सिंह की यह कविता अपनी साधारणता के बावजूद असाधारण जीवन स्थितियों के बहुविध रूपकों के साथ प्रस्तुत हुई है। कवि के लिए पानी से घिरे हुए ये लोग मुख्य हैं। उनके संघर्ष के नैरन्तर्य के वे साक्षी के रूप में उपस्थित होते हैं। इस संघर्ष का जो अपनत्व है उसको वे करीब से महसूस कर रहे हैं। लघुता की यह स्वीकृति उनके लिए अहम है। उनकी कविता का पूरा विस्तार इसी की नींव पर खड़ा है।

बाढ़ की स्थिति के दोनों रूपों को—उम्मीद और तबाही—वे कविता के अन्त में इस तरह व्यक्त करते हैं। उम्मीद का दृश्य इस प्रकार है—

वे जला देते हैं
एक टुटही लालटेन
टाँग देते हैं किसी ऊँचे बाँस पर
ताकि उनके होने की खबर
पानी के पार तक पहुँचती रहे

तबाही के तट पर रहकर पानी की विभिन्न अवस्थाओं को वे देखते रहते हैं। यह उनके जीवन का अभिन्न अंग। वे इसके लिए बाध्य हैं। कठिनाइयों का यह सामना जीवन-संघर्ष का सहज रूप है। यहाँ से मुँह मोड़ा नहीं जा सकता। इसके प्रति आँखें बन्द नहीं की जा सकती—

फिर उस मद्धिम रोशनी में
पानी की आँखों में
आँखें डाले हुए

वे रात-भर खड़े रहते हैं
पानी के सामने
पानी की तरफ
पानी के खिलाफ

यह दृश्य एक तरह से मृत्यु के साक्षात्कार का यथार्थ है। उसे जीवन के साक्षात्कार के रूप में वे देख पाते हैं, और तब्दील भी कर पाते हैं। दोनों उनके जीवन के यथार्थ से सम्बन्धित पक्ष हैं।

असुन्दर में सुन्दर के दर्शन के इच्छुक केदारनाथ सिंह का कवि आखिर क्या देख रहे हैं? असुन्दर में वे जीवन को देख रहे हैं। उसकी उपस्थिति से कई दृश्य हमारे लिए सुन्दर प्रतीत होते हैं। उनका सम्भवत: मानना यही है कि सुन्दर और असुन्दर एक-दूसरे के विपरीत ध्रुव के साक्षी नहीं हैं। दोनों एक ही ध्रुव के हैं। विरोध में वे नहीं हैं। उनमें एक अजीब समरसता है। इसलिए कवि को असुन्दर जो भी हैं, काफी कुछ प्रदान कर रहा है। वैसे सुन्दर तो काफी कुछ प्रदान करते ही हैं। असुन्दर भी ऐसा ही करते हैं। जीवन के प्रति केदारनाथ सिंह का यह खुलापन उनकी रचनात्मकता को आध्यात्मिक-सी द्युति भी प्रदान कर रहा है। स्वीकृति के इस आनन्द का अलग सौन्दर्य है। इसे सौन्दर्य-दृष्टि का वास्तविक प्रसार कहा जा सकता है। उनकी एक कविता है, 'सृष्टि पर पहरा'। कविता इस प्रकार है—

एक सूखता हुआ लम्बा झरनाट का वृक्ष
जिसके शीर्ष पर हिल रहे थे
तीन-चार पत्ते
कितना भव्य था
एक सूखते हुए वृक्ष की फुनगी पर
महज़ तीन-चार पत्तों का हिलना
उस विकट सुखाड़ में
सृष्टि पर पहरा दे रहे थे
तीन-चार पत्ते

अब उस वृक्ष पर शेष रह गए थे तीन-चार पत्ते। सूखे के विरोध में लहलहाते पत्ते। विकट सुखाड़ में हराई की घोषणा करनेवाले तीन-चार पत्तों को केदारनाथ सिंह ने पूरी सृष्टि के पहरेदारों के रूप में जो परिकल्पना सामने रखी है वह उनकी

कविता का 'फोकल पॉयंट' है। वे हमेशा उसी को कविता के मुख्य प्रतिमान के रूप में स्वीकार करते हैं। समस्त वस्तुओं की अपनी निजता है। वह उनका यथार्थ भी है जिसको वे सर्वात्मना स्वीकार करते हैं। केदारनाथ सिंह की कविता में यह खुली मानसिकता आरोपित न होकर सहज रूप से विन्यसित है। वे जीवन में कविता के अभिलाषी हैं। उसी तरह वे कविता में जीवन के संगीत के महागायक। लघुता के इस संगीतज्ञ ने हमेशा जीवनीशक्ति के प्रतीक बनी मामूली वस्तुओं में ही अपने को पाया है।

कविता का आत्मविस्तार

अपनी रुचियों के बारे में लिखते हुए केदारनाथ सिंह सूचित करते हैं—'रुचियों का क्षेत्र सीमित : कविता, संगीत और अकेलापन, तीन चीजें मुझे बेहद प्रिय हैं। मित्र बहुत कम बना पाता हूँ, क्योंकि एक व्यावहारिक व्यक्ति में जो खुलापन होना चाहिए, उसका मुझमें नितान्त अभाव (तीसरा सप्तक—जीवन-परिचय) अपना परिचय केदारनाथ सिंह कम शब्दों में दे रहे हैं। दो बातें उन्होंने विशेष रूप से कही हैं। पहली बात रुचियों के बारे में है—

1. कविता; कवि सहज स्वभाव के कारण ही कविता को अपनी आत्मा में वे स्वीकार करते हैं।
2. संगीत; संगीत-प्रेम भी कविता से जोड़ने योग्य है। संगीत जीवन की लयात्मकता की सूक्ष्मतम अभिव्यक्ति है।
3. अकेलापन; कविता करनेवालों में अकेलेपन या एकान्त के प्रति आकर्षण होता है।

इन तीन रुचियों के बारे में सूचित करने के उपरान्त उन्होंने अपने को व्यवहार-कुशल न होने की बात कही है। व्यवहार-कुशल व्यक्ति में जो खुलापन होता है उसका नितान्त अभाव उनके स्वभाव में है। यहाँ हमें ऐसा लग सकता है कि केदारनाथ सिंह अन्तर्मुखी व्यक्ति हैं। भीतर और बाहर से जो कवि हैं, जिन्हें कविताएँ बेहद पसन्द हो जिन्हें संगीत आकर्षित करता हो और अपने एकान्त के प्रति अनुराग-बद्ध आकर्षण हो, उनका अहं विस्तृत ही होता है; कतई सीमित नहीं हो सकता। देवेन्द्र कुमार 'बंगाली' की एक कविता, जो केदारनाथ सिंह पर रचित है, उद्धृत करना उचित लगता है। यह ज़रूर है कि उनकी कविता प्रशंसात्मक है। बावजूद इसके उनकी कविता ('शब्द जब आदमी को खोलता है') केदारनाथ सिंह के आन्तरिक व्यक्तित्व का खुलासा है। उसकी कुछ पंक्तियाँ इस प्रकार हैं—

न कोई पगड़ी
न कोई पुंछौटा
न कोई नकाब
न कोई मुहिम
एक ऐसी ही अजीज़-शख्सियत का नाम है
केदारनाथ सिंह
जिसका कविता से गहरा वास्ता है
वह व्यक्ति के रूप में पहले बाँधता है
और जहाँ जाकर दोनों घुल-मिल जाते हैं
यहाँ कवि और व्यक्ति में फर्क करना मुश्किल होता है
मुश्किल ही नहीं / घोर मुश्किल
कि आखिर इन दोनों में कौन बड़ा है?
या दोनों
लोग एक दूरी बनाकर मिलते हैं
वह दूरी मिटाकर
अपने अनुभवों की दुनिया में ले जाते हैं
जहाँ लोक की अगाध सम्पत्ति है
जाते से उठती धुन है। बैलों के गले में बँधी घंटियाँ हैं
गीतों से भरा फागुन है
और है—
कमरे का दानव, बढ़ई के खूँटे में फँसा चिड़िया का दाना
मैदान में खेलते बच्चे, जुम्मन मियाँ
अकाल में सारस...
यहाँ से देखने पर उनका अनागत
सब का अनागत हो जाता है।

देवेन्द्र कुमार 'बंगाली' की इन पंक्तियों से ज़ाहिर होता ही है कि केदारनाथ सिंह के व्यक्ति और कवि के बीच कोई विभाजक रेखा नहीं है। कवि की कई सहज प्रवृत्तियाँ उनके व्यक्तित्व में सुलभता से देखी जा सकती हैं। इस सन्दर्भ में अनामिका की एक प्रतिक्रिया पर भी विचार करना संगत लगता है। वे लिखती हैं, "उनसे सीखने लायक सबसे बड़ी बात यह भी कि कभी किसी के लिए उनके मन में कड़वाहट

जगती ही नहीं थी! और गाँव का सिपाही हो या प्रधान मंत्री—सबसे वे उसी सादगी से मिलते थे! सहज नहीं होते थे तो बस उनसे जो बन-बनकर बातें करें और नागर वैशिष्ट्य के अभियान से मताए हों, पर उर्दू-फारसी के विद्वानों से उनकी बहुत बनती थी। उनका आभिजात्य आरोपित नहीं दीखता था।" (चौपाल—केदारनाथ सिंह विशेषांक, पृ. 177) एक और संस्मरण का उल्लेख यहाँ आवश्यक है जो कैलाशपति निषाद का है (साखी—केदारनाथ सिंह विशेषांक, पृ. 21) पडरौना में केदारनाथ सिंह का अध्यापकीय जीवन शुरू हुआ था। वहाँ कई प्रकार की असुविधाएँ थीं। कैलाशपति निषाद लिखते हैं, "जिन कुछ लोगों को इन्होंने अपना दिली दोस्त बनाया, उनमें अधिकांश दलित और पिछड़े परिवार के लोग थे। इनमें मिट्ठी की गन्ध को उजागर करने की पूरी क्षमता थी। उनमें एक नाम मेरा भी है। मेरे घर कई बार डॉ. साहब कोसों पैदल चलकर आ चुके हैं और रात्रि विश्राम के समय पुआल पर सोने का मजा भी चख चुके हैं।" पडरौना के इस मित्र—कैलाशपति निषाद—पर केदारनाथ सिंह ने 'कैलाशपति निषाद की स्मृति में' शीर्षक कविता लिखी है जो 'तालस्ताय और साइकिल' में संकलित है। उस कविता की कुछ पंक्तियाँ इस प्रकार हैं—

सिर्फ एक गमछा भी
हो सकता है आदमी का सबसे बड़ा मित्र
एक साइकिल भी उतनी ही निष्ठा
और उतने ही ताप से निभा सकती है प्रेम
वर्षों तक

आपसी सम्बन्ध की ऊष्मलता को शब्दबद्ध करनेवाली ये पंक्तियाँ केदारनाथ सिंह ने लिखी थीं जो उनके सखा पर है। अकलुषित मन के धनी कवि ही ऐसी पंक्तियाँ लिख सकते हैं, जिनके स्वभाव में आभिजात्य तो था परन्तु वह आभिजात्य, जैसे अनामिका ने सूच्ित किया है कि वह आरोपित नहीं है। मनुष्य को मनुष्य के रूप में देख सकनेवाले, पशु-पक्षियों के विस्तृत जगत को मनुष्य के सहजीवी के रूप स्वीकार करनेवाले, पूरे पर्यावरण को उसकी सहजता में अपनानेवाले कवि अपनी मिट्टी से कैसे अलग हो सकते हैं। मिट्टी की गन्ध ने उन्हें सदैव आकर्षित किया है। जिनकी जीवन-चर्या में मिट्टी की गन्ध भरी पड़ी हो उनके साथ केदारनाथ सिंह का गहन सम्बन्ध रहा है। इसके लिए व्यवहार-कुशल होने की जरूरत नहीं।

देवेन्द्र कुमार 'बंगाली' की कविता उद्धृत हो चुकी है। 'कवि देवेन्द्र कुमार 1933-1991 उर्फ बंगाली जी' शीर्षक से एक कविता केदारनाथ सिंह ने भी लिखी है जो विवेच्य कवि की प्रशंसा में लिखी नहीं गई है। संघर्ष को अपनी आत्मा में अनुभव करनेवाले एक सहयोगी कवि पर लिखते समय कविता के आत्मसंघर्ष को वे परिभाषित कर रहे हैं। कई प्रकार के संघर्षों के बीच घिरे रहने पर भी समझौता न करनेवाले कवि देवेन्द्र कुमार के कवि-व्यक्तित्व को वे सर्वात्मना स्वीकार करते हैं। केदारनाथ सिंह की कविता की पंक्तियाँ हैं—

कुशीनगर के जल से
जनमे थे वे
लगभग उसी तट से
जहाँ बुद्ध ने अन्तिम स्नान किया था
इसलिए बुद्ध की हँसी के
दो-चार कण
उन्हें सहज ही मिल गए थे उत्तराधिकार में
अपनी आबोहवा से
और भी बहुत कुछ मिला था उन्हें
दुख
अपमान
जहालत
और इन सबके बीच
इन सब पर हँसने की
एक अद्‌भुत क्षमता थी

विपरीत परिस्थितियों में जीने से तथा संघर्ष के साथ निरन्तर जूझने के कारण देवेन्द्र कुमार 'बंगाली' को सख्त दृष्टिकोण के साथ जीने का साहस मिल गया था। फिजूल की बातों पर दिल खोलकर हँसने का साहस भी उन्हें प्राप्त हुआ। इन कारणों से उनकी कविताएँ भोगे हुए जीवन-संघर्ष की अभिव्यक्तियाँ बन गईं। केदारनाथ सिंह उनकी कविता पर लिख रहे हैं—

दलित थे वे
पर कविता लिखते थे

कविता की शर्त पर
एक ऐसा कवि जो एकदम बेलाग
कह सकता था दुनिया से—
'पैरों को चाट गए जूते
जिन्दा है हम अपने बूते'

संघर्ष उनके लिए सुनी हुई बात नहीं बल्कि उनके व्यक्तित्व का अविभाज्य हिस्सा है। देवेन्द्र कुमार 'बंगाली' के व्यक्ति पक्ष के प्रति तथा उनके कवि पक्ष के प्रति केदारनाथ सिंह का सहभाव प्रशंसनीय है। इस कारण से वे उनकी कविताओं की आन्तरिक क्षमता को उसके व्यापक परिप्रेक्ष्य में विश्लेषित कर सके। वे लिखते हैं—

मैंने उनकी कविता की कोठरी देखी थी
वह अदृश्य शरशय्या थी
जिस पर लेटते थे वे
कभी-कभी उनके टूटे हुए अगले दो दाँतों के बीच
एक दबा अँधेरा अट्टहास भी देखा था मैंने

कविता के आन्तरिक संघर्ष को शब्दबद्ध करने के बाद केदारनाथ सिंह उस कवि के साधारणत्व पर प्रकाश डालते हैं। इतने गम्भीर कवि का सहज-साधारण व्यक्तित्व जिसने केदारनाथ सिंह को सर्वाधिक आकर्षित किया था—

चलते थे सड़क पर
तो इतने अनन्य साधारण
कि अँट नहीं सकते थे
किसी महाकाव्य में
पर मिल सकते थे आपको
किसी भी मोड़ पर

बिना महिमामंडित किए केदारनाथ सिंह ने कवि देवेन्द्र कुमार 'बंगाली' को हमारे सामने प्रस्तुत किया है। यहाँ विवेच्य विषय केदारनाथ सिंह के व्यक्तित्व की पारदर्शिता है। अपने जीवन काल के आरम्भ से लेकर अन्त तक वे इतने सरल और साधारण रहे और उनकी कविता समान्तरतः जीवन की सामान्यता पर केन्द्रित थी। चूँकी वह कविता है, इसलिए वह साधारणत्व से गम्भीरता की तरफ संचरण करती

है और यथार्थ की संश्लिष्टता की चिह्न-व्यवस्था को रूपायित करती रहती है। राजेश जोशी ने उनकी कविता के बारे में एक सटीक बात कही है, "जीवन उनके यहाँ घटित होता है। जीवन का एक उत्सव घटित होता है। उनकी कविता ऐहिक और रोजमर्रा के जीवन की छवियों को अपनी गहन आत्मीयता के ताप से सम्पन्न और सुन्दर बना देती है।" (एक कवि की दूसरी नोट बुक : समकालीनता और साहित्य, पृ. 179) घटित होते जीवन के वे निरीक्षक मात्र नहीं हैं। घटनाएँ उनसे अलग नहीं हैं। उनमें वे भी शामिल हैं। उनका आत्मपक्ष निरन्तर वस्तुनिष्ठता की ओर यात्रारत है। यह आत्मपक्ष का विस्तार है। इसे कविता का आत्मविस्तार भी कहा जा सकता है। आत्मविस्तार की प्रवृत्ति कविता को स्थायित्व प्रदान करती है। कारण स्पष्ट है, क्योंकि उसमें सबकी तथता को समाविष्ट करने की प्रवृत्ति बलवती रहती है। आत्मपक्ष से कविता शुरू हो सकती है, लेकिन वह बहुत कुछ को आत्मसात करते हुए व्यापक जीवन परिदृश्य की साक्षी बनकर प्रस्तुत होती है। यह कविता के आत्मकेन्द्रीकरण से मुक्ति का सूचक है। वह वस्तुकेन्द्रीकरण का साक्ष्य हो जाती है। इसका तात्पर्य यह नहीं है कि वह सदैव मुखर रहे। वस्तु केन्द्रीकरण का तात्पर्य है कि घटित होते जीवन से रू-ब-रू होना और उसके अन्त:साक्ष्यों का शिल्पकार बनना। केदारनाथ सिंह ने अपने लम्बे समय के कविता-काल में आत्मविस्तार का ही परिचय दिया है।

केदारनाथ सिंह की कविता के विकास-क्रम पर प्रकाश डाला जाया तो पता चलता है कि वे हिन्दी की आधुनिक कविता (नई कविता) के अन्तिम दौर के कवि हैं। 'तीसरा सप्तक' के अपने वक्तव्य में उन्होंने लिखा था कि 'कविता में मैं सबसे अधिक ध्यान देता हूँ बिम्ब-विधान पर। बिम्ब-विधान का महत्त्व जितना काव्य की वस्तु से होता है, उतना उसके रूप से भी। विषय को वह मूर्त और ग्राह्य बनाता है; रूप को संक्षिप्त और दीप्त' इसी वक्तव्य में वे आगे लिखते हैं, "नई कविता की विशिष्टता की परीक्षा न तो चरित्र-चित्रण की पूर्व प्रचलित पद्धति पर हो सकती है, न प्राचीन रसवाद के नियमों के आधार पर; यद्यपि मैं यह मानता हूँ कि रस की सत्ता से इनकार करना काव्य की सत्ता से ही इनकार करने के समान है। पर आधुनिक कविता में रस की धारणा बदल गई है।" (वही) ये दोनों कथन आधुनिक कविता (नई कविता) की प्रवृत्तियों से परिचालित दृष्टि को ही अभिव्यक्त कर रहे हैं। उनकी यह प्रतिक्रिया उस समय की कविता-प्रवृत्तियों के सन्दर्भ में सहज प्रतीत होती है। 'तीसरा सप्तक' तथा प्रथम संकलन 'अभी, बिलकुल अभी' के प्रकाशन

के बाद उनका अगला संकलन 'ज़मीन पक रही है' बीस वर्ष के अन्तराल के बाद ही प्रकाशित हुआ था। इस बीच में हिन्दी कविता में कई प्रकार के परिवर्तन हुए। सन 1980 तक आते-आते समकालीन कविता स्वीकृत हो चुकी थी। इसी समय केदारनाथ सिंह अपने नए संकलन के साथ प्रस्तुत हो रहे हैं। आधुनिक कविता के पश्चिमी (यूरोपीय) आधुनिकतावाद से वे मुक्त हो चुके थे। 'तीसरा सप्तक' वाली मानसिकता से भी वे अलग हो चुके थे। 'कवि ने कहा' शीर्षक अपनी प्रतिनिधि कविताओं के वक्तव्य में (वक्तव्य की जगह) उन्होंने लिखा, "आज से कोई पचास वर्ष पहले मैंने अपने 'तीसरा सप्तक' के वक्तव्य में बिम्ब की चर्चा की थी। यह मेरे युवकोचित उत्साह में दिया एकदम शुरुआती वक्तव्य था चाहें तो थोड़ा अपरिपक्व भी कह सकते हैं। अब वही वक्तव्य यदि मुझे आज लिखना होता तो वह उस तरह कदापि न लिखा जाता और शायद अलग से बिम्ब शब्द तो उसमें होता ही नहीं।" यह सही है कि बिम्बधर्मिता के प्रति आधुनिक कविता में अतिरिक्त आकर्षण देखा जा सकता है। एज़रा पाउंड जैसे अमेरिकी कवि बिम्बवाद को श्रेष्ठ कविता के लक्षण के रूप में परिभाषित कर रहे थे। फ्रेंच कविता में प्रतीकवाद का ज़ोरदार प्रभाव था। चित्रकला के क्षेत्र में अतिप्रचलित अभिव्यंजनावाद, अतियथार्थवाद आदि भी कविता को प्रभावित करते रहे। शमशेर की कविता इसके लिए उदाहरण ही है। मुक्तिबोध भी प्रतीकवाद से प्रभावित दीखते हैं। मोटेतौर पर यही कहा जा सकता है कि वैश्विक स्तर आधुनिकतावाद के कई लक्षण सभी भाषाओं में दर्शित होते हैं। इन्हें सिर्फ प्रभाव के स्तर पर ही देखा जाना पर्याप्त होगा। केदारनाथ सिंह अपने आरम्भिक दौर में इनके प्रभाव में आ गए थे।

आधुनिकतावाद के बाद का एक दौर भारतीय कविता में देखने को मिलता है। एशियाई देशों की कविताएँ उस समय परिवर्तनकामी दिखाई पड़ती हैं। अफ्रिकी कविताओं और लैटिन अमेरिकी कविताओं का समय-सम्पृक्ति बोध का वह दौर था। पिकासो की चित्रकला, ब्रेख्त की कविताएँ आदि का एक नया दौर भी समानान्तर ढंग से देखने को मिलता है। हिन्दी की समकालीन कविता की व्यापक पृष्ठभूमि तैयार करने में विश्व की इन भाषाओं की कविताओं की भूमिका को नकारा नहीं जा सकता। विश्व मानवीयता की भविष्योन्मुखता समकालीन कविता के केन्द्र में विचारणीय होने लगी। वैश्विकता के इस व्यापक इतिवृत्त के साथ अपनी-अपनी देशज स्थितियाँ भी भारतीय समकालीन कविता की रचनात्मकता के लिए प्रेरक साबित होती हैं। स्वतंत्रता-प्राप्ति के बाद के मोहभंग का वह दौर खत्म होता है। ब्रिटिश शासन

काल में भारत उपनिवेशवाद के आतंक से गुज़र चुका था। अब परिदृश्य पूरी तरह से बदल गया है। यह उत्तर-औपनिवेशिक दौर था। इसे वैश्वीकरण दौर भी कहा जा सकता है। उत्तर-उपनिवेशवाद का जो स्वरूप है वह इतना बहुआयामी है और जीवन का कोई पक्ष, संस्कृति का कोई पक्ष उससे मुक्त नहीं है। यदि समकालीन कविता की समकालीनता सतत विकासशील प्रक्रिया मान लें तो उपनिवेशवादी अधिकार वर्चस्व का तिरस्कार उसमें होना स्वाभाविक है समकालीनता सिर्फ एक सीमित समयावधि तक अभिव्यक्त करते रहने की रचनात्मकता का नाम नहीं। इसमें समय की कई दिशाएँ एक साथ व्यंजित हैं। इसमें समय का तिरस्कार है तो उसके साथ संघर्ष है तथा हाशियाकृत यथार्थ को सन्निविष्ट करने के संघर्ष को बहुमुखी बनाने की द्रुत दृष्टि भी सम्मिलित है।

सन 1980 में प्रकाशित केदारनाथ सिंह के संकलन को समकालीन कविता के व्यापक परिप्रेक्ष्य में देखना समीचीन लगता है। समकालीन कविता में समय के रचाव की असंख्य दिशाएँ उनकी इन कविताओं में भी मिलती हैं। इसमें उनकी समकालीन कविता की प्रवृत्तियों के सहवर्ती होने की बात नहीं है बल्कि अपनी कविता की आत्मा को पहचानने की प्रवृत्ति ही मुख्य दिखाई पड़ती है। सभी कविताओं में उनकी आत्मा का सान्निध्य हम अनुभव कर पाते हैं। कविता में जिसे हम आत्मपक्ष कहकर अभिहित करते हैं वह आत्मा का विकसित रूप है। उसे कवि का स्वत्व भी कह सकते हैं। स्वत्व का आग्रह उनमें सर्वत्र मिलता है। जब उनकी कविताएँ आत्मा की ओर यात्रा करती हैं तो बन्द होती पंखुड़ियों का आभास मिलता है। लेकिन केदारनाथ सिंह की कविताएँ बन्द होती पंखुड़ियों की तरह अपने में सिमटती रचनाएँ नहीं हैं। वे पूरी तरह से खिले हुए फूल की तरह गन्ध बिखरनेवाली, हवा में डोलनेवाली, आबोहवा में सौन्दर्य की छवि से आलोड़ित करनेवाली कविताएँ हैं। कहने का तात्पर्य यही है कि उनकी कविताएँ आत्मा की परिधि से उत्कर्ष की ओर उन्मुख होनेवाली अभिव्यक्तियाँ हैं। अकसर हम उनकी कविताओं में आत्मविस्तार की एक नवीकृत संस्कृति को उद्‌भासित देख पाते हैं। आत्मविस्तार केदारनाथ सिंह की कविता की मूलभूत प्रवृत्ति है। यही आत्मविस्तार उनकी कविताओं को बृहत्तर परिदृश्य से सम्पृक्त कर देता है। कोई भी विषय, चाहे वह एक छोटी सी चीज़ हो, कोई मामूली सी स्मृति हो, कोई व्यक्ति हो, कोई शहर हो, कोई घटना हो, वे अपने साधारणत्व में कुछ देर रहते हैं। फिर कवि उनमें अपनी आत्मा का निवेश करते हैं। तब आत्मा की उनकी दुनिया अपने स्वत्व का

परिचय देने लगती है। लेकिन पुनः उनकी कविताएँ उड़ान भरने लगती हैं। आत्मा की परिधि को तोड़कर परत्व की परिधि तक की एक लम्बी यात्रा उनकी कविताएँ करती हैं। आत्म और परत्व का यह तालमेल केदारनाथ सिंह की कविताओं की खासियत है। उनकी कविता आत्मा के परिवृत्त में सार्थक है और आत्मा से परे परत्व के परिवृत्त में भी। दरअसल आत्मा की परिधि के बाहर उनकी कविताएँ शत-प्रतिशत सार्थक लगती हैं क्योंकि यहाँ कविता है, उनकी भाषा है और एक जैविक समाज है। समग्रता की ओर की उनकी कविताओं की यह यात्रा उनके आत्मविस्तार को ही परिभाषित कर रही है।

केदारनाथ सिंह की एक कविता है, 'रोटी' जो उनके 'ज़मीन पक रही है' संकलन की है। रोटी पर कई कवियों की कविताएँ उपलब्ध हैं। वह हमारी क्षुधा-पूर्ति की वस्तु न होकर जीवन को बनाए रखने की वस्तु है। कविता की शुरुआत में ही कवि रोटी जैसे विषय के कवितान्तरण पर विश्वास नहीं कर रहे हैं। इसलिए उनकी आरम्भिक पंक्तियाँ यों हैं—

उसके बारे में कविता करना
हिमाकत की बात होगी
और वह मैं नहीं करूँगा।

रोटी, कविता का विषय नहीं हो सकती। विषय की सामान्यता शायद उन्हें सान्त्वना नहीं दे रही है। इसलिए वे उसके रूपान्तरण के इतिवृत्त की तरफ हमें ले चलना चाहते हैं। यह एक सपाट इतिवृत्त नहीं है। रासायनिक प्रक्रिया की तरह के अनगिनत परिवर्तनों से युक्त उसका कायान्तरण है। उसके इस कायान्तरण में आग की भूमिका की ओर वे हमारा ध्यान आकृष्ट करना चाहते हैं। इस प्रसंग के साथ कविता की सामान्यता समाप्त होती है। इसे कवि की आत्मा का 'स्पेस' कहना गलत नहीं होगा। यहाँ कवि द्वारा अन्वेषित राहें स्पष्ट हैं। वे नई राहें भी बना रहे हैं क्योंकि उन्हें अपना एक 'स्पेस' ढूँढ़ना है। उनकी आत्मा का यह 'स्पेस' कविता की जन्मस्थली है और कवि की अनुभूतियों का ऊर्जा केन्द्र भी है। उसका ब्यौरा वे इस तरह दे रहे हैं—

मैं सिर्फ आप को आमंत्रित करूँगा
कि आप आएँ और मेरे साथ सीधे
उस आग तक चलें

उस चूल्हे तक—जहाँ वह पक रही है
एक अद्भुत ताप और गरिमा के साथ
समूची आग की गन्ध में बदलती हुई
दुनिया की सबसे आश्चर्यजनक चीज़
वह पक रही है

रोटी के पकने के दृश्य को कवि ने उसकी सामान्यता से निकालकर असामान्य परिदृश्य में प्रस्तुत किया है। इसमें आग मुख्य है। चूल्हे में आग है जिसमें रोटी पक रही है। आग के ताप को कवि ने गरिमामय कहा है। क्यों? आग के ताप को स्वीकार करके ही रोटी बनती है। रोटी के बनने के साथ-साथ वह गन्ध का भी आवाहन करती है।

रोटी की उस गन्धयुक्त व स्वादयुक्त परिवर्तन आग की भूमिका के सहारे सम्पन्न होता है। इसलिए कवि ने लिखा, "और पकना/लौटना नहीं है जड़ों की ओर"। कविता की आत्म की परिधि यहीं समाप्त होती है। अब कविता आत्मविस्तार की ओर बढ़ती दिखाई देती है। 'वह आगे बढ़ रही है' उसके बढ़ने के दो लक्षित पक्ष कविता में गुम्फित हैं। पहला है, रोटी का संघर्ष और दूसरा है रोटी पाने का संघर्ष। जैसे कवि ने आरम्भ में जो सूचित किया कि रोटी के बारे में कविता करना हिमाकत की बात होगी। लेकिन उसका दोतरफा संघर्ष आसानी से कविता का विषय बन सकता है। पहला संघर्ष जो रोटी का है वह मामूली नहीं है। आग में तपकर, गन्धयुक्त होकर और स्वादिष्ट होकर ही रोटी तैयार होती है। उसकी गन्ध और उसका स्वाद क्षुधा-पूर्ति के अवान्तर पक्ष मात्र नहीं हैं। उसमें मनुष्य का संघर्ष शामिल है। वह उसे जैसी की तैसी स्वीकार करना नहीं चाहता है। वह गन्धयुक्त हो और स्वादिष्ट भी। इसलिए सबसे पहले कवि आग की तरफ हमें आमंत्रित कर रहे हैं। आग अपने ताप और गरिमा से रोटी को स्वत्व प्रदान करती है। स्वत्व सहित होना ही जीवन का सबसे प्रमुख संघर्ष है। उसी रोटी का हम सभी सामना कर रहे हैं। कविता की आत्मविस्मृति यहीं से शुरू होती है। जीवन-संघर्ष की पूर्णता की ओर कविता विकसित होती दिखती है। कई प्रकार की कठिनाइयों का सामना करके ही यह संघर्ष पूर्ण होता है—

मुझे विश्वास है
आज उसका सामना कर रहे हैं

मैंने उसका शिकार किया है
मुझे हर बार ऐसा ही लगता है
जब मैं उसे आग से निकलते हुए देखता हूँ
मेरे हाथ खोजने लगते हैं
अपने तीर और धनुष
मेरे हाथ मुझी को खोजने लगते हैं
जब मैं उसे खाना शुरू करता हूँ।

संघर्ष का यह परिदृश्य कविता का असली 'स्पेस' है। इसलिए वे आगे यह लिख सके कि 'हर बार वह पहले से ज़्यादा स्वादिष्ट लगी'। संघर्ष को वे पूर्णता के शब्द प्रदान कर रहे हैं। उन्हें रोटी यदि पहले से ज्यादा गोल लग रही है और खूबसूरत लग रही है तो वह रोटी तक सीमित नहीं है। उसमें संघर्ष की शब्द-सम्पदा है। संघर्ष की खोजी गई दिशाएँ हैं। रोटी, आग, उसका पकना, उसका खूबसूरत गोलाकर, खाने की हर आवृत्ति में उसका और स्वादिष्ट होना आदि कविता में संघर्ष के प्रतीक-चिह्न बनकर आए हैं। इसलिए वे लिखते हैं—

आप विश्वास करें
मैं कविता नहीं कर रहा
सिर्फ आग की ओर इशारा कर रहा हूँ
वह पक रही है
आप यह देखेंगे—यह भूख के बारे में
आग का बयान है
जो दीवारों पर लिखा जा रहा है
आप देखेंगे
दीवारें धीरे-धीरे
स्वाद में बदल रही है।

कविता करने की अपनी वृत्ति से हटकर वे यह बताना चाहते हैं कि 'मैं आग की ओर इशारा कर रहा हूँ।' कविता, केदारनाथ सिंह के अनुसार, आग की ओर इशारा है। यह भी है कि इसमें इशारा-भर नहीं है। जब एक रोटी आग में पक रही है तो वह 'भूख के बारे में आग का बयान है।' जीवन संघर्ष को इससे ज़्यादा सधे हुए शब्दों से संयमित ढंग से, व्यक्त नहीं किया जा सकता। केदारनाथ सिंह

संघर्ष का पूरा इतिहास ले आ रहे हैं। आग जो बयान कर रही है उसे वह दीवारों पर लिखती है। संघर्ष का खुलासा भी होना चाहिए। कवि का कहना है कि जिन दीवारों पर आग का बयान अंकित है वह स्वाद में बदलती जा रही है। दीवारों पर अंकित अक्षर संघर्ष के इतिहास से सम्बन्धित है। उन्हीं अक्षरों को स्वाद में परिवर्तित दिखाना संघर्ष की स्वयं पूर्णता की ओर कवि का इशारा है। आत्मविस्तार की आवृत्तियाँ केदारनाथ सिंह की कविता की दृष्टि-सम्पन्नता और संवेदनात्मक गहराई को सूचित करती हैं।

कविता का आत्मविस्तार उसके समावेशी स्वभाव को व्यक्त करता है। समकालीन कविता की सांस्कृतिक अन्तरंगता अत्यन्त जटिल है। उसको सरलीकृत नहीं किया जा सकता है। उसकी सामाजिकी भी अतीव संश्लिष्ट है। ऐसे में कविता को समावेशी होना पड़ता है। उसे तमाम अन्तर्विरोधों से गुज़रना भी पड़ता है। इतिहासबद्ध दृष्टि से समय के साथ कविता की समान्तर यात्रा अनिवार्य हो जाती है। आत्मविस्तार का कविता-सन्दर्भ कविता को कविता की शर्त पर रचते रहने की अनिवार्यता पर ज़ोर देने के साथ-साथ बृहत्तर समय का समावेश भी करता है। केदारनाथ सिंह की कविता के आत्मविस्तार को इसी रूप में देखना उचित है। अत: उनकी कविता हमेशा उत्कर्ष की ओर बढ़ती दीखती है। यह सही है कि उनकी कविता में तनाव की स्थिति नहीं मिलती। भयावहता उनके यहाँ नहीं के बराबर है। लेकिन समाज के निम्नतम तबकों के प्रति उनके मन में गहरी पीड़ा है। एक भेंटवार्ता में वे कहते हैं, "मैं गाँव में पला-बढ़ा हूँ, छोटे शहरों में भी रहा हूँ, दिल्ली में रहता हूँ, लेकिन दिल्ली से मेरा वो जुड़ाव नहीं है। जुड़ाव उन क्षेत्रों से है, जहाँ रह चुका हूँ। गाँव, छोटे कसबे तो उनके बारे में एक गहरी पीड़ा है। उनके जीवन को देखता हूँ तो दुख होता है क्योंकि वहाँ परिवर्तन धीरे-धीरे घटित हो रहा है...वो केवल मतदाता नहीं हैं, वो जीते-जागते मनुष्य हैं तो उनकी मनुष्यता उनको लौटाई जाए। जो आज की व्यवस्था ने छीन लिया है तो यह मेरी चिन्ता है और इस चिन्ता को किस हद तक साहित्य में लाया जाए। यह मेरी ही नहीं कइयों की चिन्ता होगी।" (केदारनाथ सिंह से आलोक सिंह की बातचीत—साखी) मनुष्य और मनुष्यता के प्रति उनका सहभाव ही यहाँ व्यंजित होता है। इसे जरूर उनकी सामाजिक संस्कृति भी कह सकते हैं। लेकिन उसके बहिरंग स्तर तक वे सीमित नहीं होते हैं। उसकी अन्तरंगता इस कवि के मन को उत्तेजित करती है। एक गहरी पीड़ा उनकी कविता के इर्द-गिर्द हमेशा रहती है। उसको उन्होंने कभी

भी महिमामंडित नहीं किया है। उसको यथास्थिति में ही वे देखे हैं। परन्तु उस यथास्थिति की कई दिशाएँ हैं, कई आयाम हैं। उन आयामों की ओर केदारनाथ सिंह की कविता के द्वार खुलते हैं। उनकी कविता के आत्मविस्तार की उर्वर भूमि की खोज अन्ततः मानवीयता की खोज है।

'माँझी का पुल' केदारनाथ सिंह की चर्चित कविताओं में एक है। जब कवि रचना के आरम्भ में ऐसी दो पंक्तियों लिखते हैं—'मेरे गाँव से दिखाई पड़ता है/माँझी का पुल'—तो उसकी अभिधात्मकता में एक पूरा गाँव जागा हुआ नज़र आता है। माँझी का पुल गाँव का यथार्थ है। उसके इर्द-गिर्द गाँववालों का जीवन बुना गया है। कवि ने इस पुल को अपने आत्मपक्ष से देखा और आत्मसात किया है—

मैंने पहली बार
स्कूल से लौटते हुए
उसकी लाल-लाल ऊँची मेहराबें देखी थीं
यह सर्दियों के शुरू के दिन थे
जब पूरब के आसमान में
सारसों के झुंड की तरह डैने पसारे हुए
धीरे-धीरे उड़ता है माँझी का पुल

बचपन की कुतूहल स्मृतियों से माँझी के पुल को जोड़कर देखना सहज ही कहा जा सकता है। उसमें कुतूहलता के साथ कल्पना का भी समुचित संयोग है। इसलिए माँझी का पुल पूरब के आसमान में उड़ते सारसों के झुंड़ की तरह डैने पसारकर उड़ते नज़र आता है। यथार्थ का यह जादुई परिदृश्य में परिवर्तन पुल की वास्तविकता की सार्थक स्वीकृति है। उसे अवहेलित नहीं किया जा सकता। गाँववालों के दिलो-दिमाग में, उनके रोएँ-रेशे में माँझी का पुल जीवित दीखता है। कविता का यह आत्मपक्ष यथार्थ और जादुई यथार्थ के बीच गतिशील रहता है। वह न जड़ स्मृति है और व जड़ प्रतीति। वह था, वह है और वह रहेगा की स्थिति माँझी के पुल को कवि ने अपने आत्मपक्ष के साथ लोक को समन्वित करके प्रस्तुत किया है। अपनी सीधी सी उपस्थिति के बावजूद माँझी का पुल का यथार्थ लोकदृष्टि में विचित्र उपस्थिति में परिवर्तित होता रहता है। किस्सों की अम्बार-सी लाती है उस पर। यहाँ भी कवि का आत्मपक्ष सशक्त है क्योंकि वे लोक के साथ पूरी तरह से

जुड़े हैं। लोक की व्यापकता, उसकी अनभिज्ञता और यथार्थ को गोल-मटोल करके देखने की प्रवृत्ति कविता में उपलब्ध है।

'माँझी का पुल' कविता में लोक यथार्थ के रूप में विन्यसित है। परन्तु कविता में यही लोक मानवीय पहचान के रूप में बदलता दिखाई देता है जो कविता का केन्द्रीय तत्त्व है। कवि का आत्मपक्ष यहाँ आत्मविस्तार में परिणत होता है

एक गहरी बेचैनी के बाद
मैंने कई बार सोचा माँझी के पुल में
कहाँ है माँझी
कहाँ है उसकी नाव?
क्या तुम ठीक उसी जगह उँगली रख सकते हो
जहाँ एक पुल में छिपी रहती है नाव?

उपर्युक्त पंक्तियाँ कविता के जादुई यथार्थ को खारिज करती हैं। दो पंक्तियों को विशेष रूप से देखा जा सकता है—'कहाँ है माँझी' और 'कहाँ है उसकी नाव?' यदि हमारा मन कविता की कुतूहलताओं में डूबा है तो हम पुल के किस्सों में ढूढ़ते फिरेंगे। यदि हमारी अनुभूतियाँ जादुई यथार्थ की अनुभूतियों से घुल-मिल जाए तो हम लापरवाह भी हो जाएँगे। लेकिन कवि ने यहाँ, जैसे ऊपर संकेतित है, जादुई यथार्थ को खारिज किया है। वह इसलिए कि वे अपनी कविता में समावेशी दृष्टि को सम्पृक्त करना चाहते हैं। वे अपने आत्मविस्तार के दूरवर्ती क्षितिज को पुनरावतरित करना चाहते हैं।

माँझी का पुल दरअसल उपनिवेशवादी सामाजिकी का परिणाम है। यह कोई चमत्कार नहीं है। अपनी सुविधा के लिए सत्ता ने पुल बनाया जो उसके लिए ठोस है। पर गाँववालों के लिए वह ठोस होते हुए भी कई कारणों से वह एक चमत्कार बन गया। उसकी चमत्कारिकता को वे बाँटते फिरे। उसमें से किसी को गाँववालों ने खो दिया है तो वह एक माँझी को जो पुल के बनने के पहले की पूर्व कथा का नायक है जिसने गाँव को नदी पार कराने का मुश्किल काम किया था। उसकी नाव गाँव और नदी के बीच में स्थित ऐसा माध्यम है जिसको भूला नहीं जा सकता। केदारनाथ सिंह के दो सवाल कविता को यथार्थ की ठोस भूमि की तरफ ले आते हैं। माँझी का पुल नाम भी उसी माँझी के कारण है और उसकी नाव के कारण बना है। किस्सों की कल्पनाप्रवण दुनिया से कविता नदी और गाँववालों के बीच आ

जाती है। माँझी भी कविता में जीवित हो उठता है। कवि के लिए ये तीनों—माँझी, नदी और नाव—यथार्थ हैं। उनके लोक को जीवन और रोज़मर्रा के बीच सम्भव बनाने में तीनों की भूमिकाएँ हैं। अत: लोक इन तीनों के बिना पूर्ण नहीं हो सकता है। उपनिवेशवादी उत्पाद के रूप में पुल का निर्माण हुआ होगा। ऐसी भौतिक सुविधाओं के कई उदाहरण हमारे समाज में मिलते हैं। लेकिन उसके पहले का किस्सा जीवन्त ही रहता है। इसलिए केदारनाथ सिंह खुद से सवाल करते हैं—कौन बड़ा है? माँझी का पुल या लोगों के अन्दर टँगा हुआ पुल—एक यथार्थ और दूसरा अयथार्थ, एक यथार्थ और दूसरी कल्पना। उनकी यह कविता वास्तविक सवालों से जूझती है और इस जुझारु स्वभाव में कवि के आत्मविस्तार का परिचय हमें मिलता है—

क्या आप विश्वास करेंगे
मेरी बस्ती के लोग अकसर पूछते हैं
माँझी के पुल से कितनी दूर है
माँझी का पुल?

अन्दर-ही-अन्दर स्वयं जागरित मन से उठता सवाल है यह। वास्तविकता से दूर कल्पनाशील मन द्वारा—यहाँ गाँववालों के सामूहिक अवचेतन मन द्वारा—निर्मित एक माँझी का पुल है। कवि का आत्मपक्ष उसी कल्पनाप्रवण पुल से बना था। यह लोक-लय की अभिव्यक्ति है। उसके सौन्दर्य के बावजूद वास्तविकता यही है कि एक माँझी जीवित था। उसकी नाव थी और नदी तो है ही। पुल के बनने के बाद स्मृति के अथाह में खोई हुई इस वास्तविकता को क्या स्मृतिभ्रंश के खाते में डाला जा सकता है? जब ये तीनों जीवन्त हैं तो उन्हें हम कैसे भूल पाएँगे। इसलिए कविता के अन्त में पूछा गया सवाल, जो कि कवि का खुद से है, 'माँझी के पुल के कितनी दूर है माँझी का पुल'—कल्पनाशील किस्सों में स्थित पुल से कितनी दूरी पर स्थित है वास्तविक पुल, जो माँझी का पुल घोषित हुआ है। लोक के सौन्दर्य को सुरक्षित रखते हुए केदारनाथ सिंह ने अपनी कविता को आत्मविस्तार के सौन्दर्य से आलोकित किया है।

'एक छोटा-सा अनुरोध' (अकाल में सारस) और 'झरबेरियाँ' (उत्तर कबीर और अन्य कविताएँ) केदारनाथ सिंह की ऐसी कविताएँ हैं जिनमें मिट्टी की तरफ की उनकी वापसी नई अर्थ गरिमा के साथ व्यंजित हुई है। पहली कविता में मिट्टी की वास्तविकता केन्द्र में है जिसको भुला दिया गया है। धान की मंजरियों तक चलने का

अनुरोध ही कवि ने किया है यहाँ, कवि के अनुसार, मिट्टी से, घान से हम संवाद कर पाएँगे। संवाद की सदिच्छा उनकी कविता की आन्तरिक व्याप्ति और गहनता संवर्द्धित कर रही है। पारिस्थितिकी के लिए अपने को समर्पित करने का भाव और उसके सहवास से प्राप्त होनेवाला सम्पृक्तिबोध यहाँ मुख्य है। सवाल यह है कि इस खुलेपन को निरे आकर्षण के रूप में देखना चाहिए या उनके आत्मविस्तार के रूप में देखना। उनकी पंक्तियाँ इसके लिए गवाह ही हैं—

चावल जरूरी है
जरूरी है आटा दाल नमक पुदीना
पर क्यों न ऐसा हो कि आज शाम
एकदम वही
जहाँ चावल
दाना बनने के पहले
सुगन्ध की पीड़ा से छटपटा रहा हो
उचित यही होगा
कि हम शुरू में ही
आमने-सामने
बिना दुभाषिए के
सीधे उस सुगन्ध से
बातचीत करें

पारिस्थितिकी के साथ के सहवास को कवितात्मक ढंग से केदारनाथ सिंह ने प्रस्तुत किया है। स्वत्व का विलयन इसमें आसानी से अनुभव किया जा सकता है। आत्म के विस्तार के साथ लयबद्ध होने का दृश्य यहाँ उपलब्ध है। आधुनिक संस्कृति में, जो अधिकाधिक बाज़ार केन्द्रित है, इस सहवास का एकदम अभाव है। उसकी पूर्ति हेतु कवि अपना यह छोटा सा अनुरोध प्रस्तुत कर रहे हैं। इस अनुरोध में निहित मानवीय दृष्टि कविता को सघन बताती है। धान के साथ सीधे बातचीत की परिकल्पना केदारनाथ सिंह की सहज दृष्टि को, जो कृत्रिमता को दूर रखती है, व्यंजित करती है।

'झरबेरियाँ' शीर्षक कविता की संरचनात्मकता में नाटकीयता भरपूर मात्रा में दिखाई देती है। यह कविता में प्रयोग के तहत स्वीकृत नाटकीय विन्यास की

अभिव्यक्ति नहीं है। कविता में झरबेरियाँ तोड़ने के लिए आनेवाली लड़कियों का वर्णन है। वे किस तरह से कँटीली झाड़ियों से झरबेरियाँ तोड़ती हैं, दिखाया गया है। यहाँ जो नाटकीयता है वह जीवन की लय को संकेतित करने के लिए है। नाटकीय विन्यास का एक रूप इस तरह है—

कुछ देर रुककर
वे मुआयना करती हैं झरबेरियों का
जब तक करना होता है उनकी उँगलियों को
कि काँटों के विरुद्ध कौन सी रणनीति
अपनाई जाए इस बार
क्योंकि हर नई शुरुआत से पहले
पिछली रणनीति
व्यर्थ हो चुकी होती है
और एक बार जब हो जाता है फैसला
वे धँस जाती हैं हवा की तरह
कँटीली झाड़ियों में
और सिर झुकाकर इस तरह तन्मय
जुट जाती हैं अपने काम में
जैसे झरबेरियाँ तोड़ना
किसी पुरातन संगीत की कोई भली हुई लय हो

यहाँ जो लय संकेतित है वह जीवन के संगीत की लय है, जिसमें डूबकर ही वास्तविक जीवन-लक्ष्य सिद्ध होता है। झरबेरियों के पौधों के काँटो से भिड़ने और उन्हें पाने की जद्दोजहद में मशगूल हो जाना, जो वस्तुत: झरबेरियों को तोड़ने का यह लहूलुहान जलसा है, जिस संस्कृति में पहले ही दिन झरबेरियों जैसी मामूली फल को काटकर फेंक दिया था, उसी को कवि केन्द्रीयता प्रदान करके प्रस्तुत कर रहे हैं। स्वाद की संस्कृति, सौन्दर्य की संस्कृति और मूल्य की संस्कृति ने झरबेरियों को भले ही रद्द किया हो फिर भी केदारनाथ सिंह के लिए लड़कियों का लहूलुहान जलसा एक अद्भुत नाटकीय दृश्य है जिसमें जीवन का स्पन्दन ही हमें मिल रहा है। जीवन संघर्ष के एक लघु दृश्य को कवि ने व्यापक दृश्य में परिवर्तित किया है। इसलिए वे लिखते हैं—

अपने लहू को लेकर
घर लौटना
एक ऐसा दृश्य है
जिसे सदियों से जानते हैं अरावली के पत्थर

यह जानी हुई बात है कि केदारनाथ सिंह लघुता के मसीहा हैं। अतः हर कोई दृश्य उनके लिए भुला दिए जाने योग्य दृश्य नहीं है। स्मृति को तरोताज़ा बनानेवाले ऐसे दृश्य हमारे आम जीवन में दुर्लभ नहीं हैं। उनकी सुलभता का मतलब यह नहीं है कि वे हमारे सामने हमेशा के लिए टिकेंगे। नहीं, बिलकुल नहीं। उन्हीं दृश्यों को भूलभुलैये में हम फेंक देते और चमक-दमकवाले दृश्यों के पीछे भागते हैं। झरबेरियाँ तोड़नेवाली लड़कियाँ, फल तोड़ते समय उनके हाथ का कट जाना, बावजूद इसके उनका आपने काम में मगन रहना, संस्कृति द्वारा रद्द किए गए जंगली फल में स्वाद का मूल रूप पहचानना आदि जीवन के बन्द दरवाज़ों का खुल जाना है। केदारनाथ इस कविता में जीवन के तमाम गवाहों को खोल देते हैं जिससे उनका मकसद शायद यही है कि हमें एक नई संस्कृति को रूपायित करने की आवश्यकता है और उस संस्कृति में सिर्फ विशिष्ट वर्ग ही स्थान न पा सके बल्कि सामान्य भी स्थान ग्रहण कर सके। इसे ही हम उनकी कविता के आत्मविस्तार के रूप में देखते हैं।

केदारनाथ सिंह की एक छोटी सी कविता का उल्लेख यहाँ उचित लगता है और यह कविता 'जमीन पक रही है' नामक संकलन की है। कविता का शीर्षक है, 'हाथ' जो इस प्रकार है—

उसका हाथ
अपने हाथ में लेते हुए मैंने सोचा
दुनिया को
हाथ की तरह गर्म और सुन्दर होना चाहिए।

क्या इस छोटी सी कविता को प्रेम कविता की श्रेणी में रखना चाहिए या नहीं। प्रेम का एक खूबसूरत अनुभव यह कविता दे रही है। अपने आत्मपक्ष के महीन और सुखद अनुभव को कवि ने व्यापकता के दूरवर्ती क्षितिज तक पहुँचाने का कार्य किया है। अपने अनुभव की अन्तरंगता को सौन्दर्य में उन्होंने परिवर्तित किया है; यही प्रेम का सौन्दर्य है। लेकिन कविता की तीसरी पंक्ति—'दुनिया को'—खुलेपन को सूचित करती है। अपने अनुभव के अपनत्व को, प्रेम के सघनत्व को सुरक्षित रखने

हुए तथा उसे सौन्दर्य से अभिमंडित करके उन्होंने प्रस्तुत किया है। साथ वे यह भी जोड़ते हैं कि दुनिया को आत्मीय हाथ की तरह गर्म और सुन्दर होना चाहिए। प्रेम का ताप यहाँ अपनत्व से विकसित होता है और परत्व को सहेज रहा है। दुनिया से यह अपेक्षा रखना प्रेम की पारदर्शिता का प्रमाण है।

जहाँ रास्ता बन्द होता दिखता है और यात्रा एकाएक खत्म-सी होती लगती है तो रास्ता कैसे खोजा जाए। 'रास्ता' शीर्षक कविता में तीन जन, जो शहर से आए हैं, अपने मुकाम तक की यात्रा तय करने निकले हुए हैं। लेकिन उनके सामने रास्ता खत्म होता है। आगे कोई रास्ता दिखाई नहीं दे रहा है। मन-ही-मन उन तीनों ने सोचा कि रास्ता किधर चला गया? जब कोई जवाब नहीं मिलता तो तीनों परेशान हो गए। उनके सामने 'दूर तक फैले खेत-ही-खेत थे'। पर कोई रास्ता नहीं था। उन्हें एक बूढ़ा किसान डूबते सूरज के आसपास खड़ा मिला और वे उनसे पूछते हैं 'दादा, रास्ता किधर है? किसान ने कोई ठोस जवाब नहीं दिया; पर अपना ढेला उठाकर उस तरफ फेंका जहाँ एक काली गाय घास चर रही थी। आगे का वर्णन यों है—

अब गाय चलने लगी
पत्ते बजने लगे
और हमने देखा
जिधर ज्वार की लटकी हुई थैलियों को चीरती
चली जा रही थी गाय
उधर रास्ता था
उधर घास में
धँसे हुए खुर की तरह
चमक रहा था रास्ता
अब दृश्य बिलकुल साफ था
अब हमारे सामने
गाय थी
किसान था
रास्ता था
सिर्फ हमीं भूल गए थे
जाना किधर है!

बना-बनाया रास्ता, चाहे कच्चा हो या पक्का, शहरी मानसिकता वालों के लिए दिखता है और वे उसका उपयोग करते हैं। वे रास्ता बनाते नहीं हैं। बने हुए रास्ते पर चलना आसान है। वह एक यांत्रिक वृत्ति है। लेकिन ऐसे लोगों के सामने रास्ता एकदम खत्म हो जाए तो उन्हें लगता है कि उनका जीवन ही खत्म हो गया। इस कविता के बूढ़े किसान के सामने ऐसी कोई समस्या नहीं है न उसके सामने रास्ता खत्म हुआ है। हेरमन हेस का प्रसिद्ध उपन्यास 'सिद्धार्थ' जीवन के अर्थ की खोज में निकले सिद्धार्थ की कथा है। वह बुद्ध से भी मिलता है; लेकिन उनके शब्द युवा सिद्धार्थ के लिए सान्त्वनाप्रद नहीं लगते। वह अपनी यात्रा जारी रखता है। वह एक माँझी से मिलता है और वह यात्रियों को नदी पार करा रहा है। नदी के इस तरफ से उस तरफ और उस तरफ से इस तरफ की उसकी यात्रा जारी रहती है। माँझी की इस वृत्ति में सिद्धार्थ जीवन का निगूढ़ रहस्य समझ लेता है। उसी तरह इस कविता में भी ज्वार के खेत में खड़े बूढ़े किसान प्रतीकात्मक ढंग से रास्ता ढूँढ़ निकालता है। जहाँ कोई रास्ता नहीं है वहाँ रास्ता बनाना पड़ता है। लोक का यही नियम है। एक निर्मित रास्ते के बन्द होने का मतलब यह नहीं कि रास्ता खत्म है। शहरियत की यांत्रिक दृष्टि के स्थान पर किसान के माध्यम से, गाय के माध्यम से केदारनाथ सिंह ने रास्ते को नए ढंग से परिभाषित किया है। इसमें रास्ता बनानेवालों की तरफ इशारा है। एक मामूली बूढ़ा किसान अपना ढेला फेंककर रास्ता स्वयं बनाता है जिससे होकर वे लोग (शहर से आए तीन जन) चलने लगते हैं। जब उनका फिर से चलना शुरू होता है तो उन्हें याद नहीं पड़ता कि उन्हें कहाँ जाना है। वे भूल चुके थे। लक्ष्य होते हुए भी मार्ग (रास्ता) उससे ज्यादा मुख्य है। रास्ता जीवन की अर्थवत्ता का प्रतीक है। कभी-कभी वह रास्ता बन्द हो सकता है। उस वक्त हमें रास्ता बनाना पड़ता है। मलयालम के प्रसिद्ध कवि एन.एन. कक्काट की कविता 'रास्ता बनानेवालों से' में भी यही बात आई है। रास्ता मात्र एक प्रतीक नहीं बल्कि वह जीवन ही है। उसका बन्द दीखना सिर्फ देखनेवालों की अदूरदर्शिता का फल है। किसान की दूरदर्शिता अभूतपूर्व है। इसलिए ज्वार के खेत में वह रास्ता बना लेता है। कविता का आत्मविस्तार यहाँ पर एक लोक रूपक का आभास देता है।

केदारनाथ सिंह की परवर्ती कविताओं में आत्मविस्तार की भावना तीव्र दिखाई देती है। जीवन के प्रति परिपक्व दृष्टि उनके यहाँ सर्वत्र दिखाई देती है। सम्भवत: यह परिपक्व दृष्टि ही उनके आत्मविस्तार को सक्रिय रखती है। यह तटस्थताजन्य दृष्टि नहीं है। इसमें अपनी हिस्सेदारी का ताप है और एक भीतरी सक्रियता का

भरा-पूरा एहसास भी है। यह आत्मचेतस कवि की दृष्टि-सम्पन्नता की अभिव्यक्ति है। ऐसी कविताओं में एक प्रखर वैचारिकता हमें मिल जाती है। परन्तु यह तथाकथित 'विचारधारा' नहीं है जो अन्ततः राजनीति की सीमित परिधि में सिमट जाती है। इसके बारे में उनका कहना है, "मैं विचारधारा का कायल नहीं हूँ। मैं यह ज़ोर देकर कहना चाहता हूँ। विचार का कायल हूँ और विचारधारा भी एक तरह की कंडीशनिंग है। क्योंकि विचारधारा कहीं-न-कहीं जाकर एक राजनीतिक तंत्र से भी जुडती है, ढाँचे से भी, संगठन से भी जुड़ती है। तो साहित्य किसी भी ऐसे अनुशासन से नियंत्रित हो यह शायद उसके लिए बहुत हितकर नहीं होता।" (केदारनाथ सिंह की कविता : बिम्ब से आख्यान तक—गोविन्द प्रसाद, पृ. 111) उनकी वैचारिकता मानवीयता से उद्भूत हुई है। उसके लिए समर्पित है उनकी कविता। इस कारण से जहाँ भी मानवीयता असुरक्षित होती है वहाँ उनकी कविता अपनी प्रतिक्रिया व्यक्त करती है। ऐसी प्रतिक्रियाएँ कभी भी सतही नहीं हैं। यही आत्मविस्तार बार-बार केदारनाथ सिंह की कविता को समय-बोध से जोड़ती है। उनकी एक कविता है, 'एक पुरबिहा का आत्मकथ्य', जिसमें अपने लोक को वे अपने रक्त में महसूस करते हैं। इसलिए उन्होंने लिखा है—

पर्वतों में मैं
अपने गाँव का टीला हूँ
पक्षियों में कबूतर
भाखा में पूरबी
दिशाओं में उत्तर
वृक्षों में बबूल हूँ
अपने समय के बजट में
एक दुखती हुई भूल
नदियों में चम्बल हूँ
सर्दियों में
एक बुढ़िया कम्बल

अपने को सबसे मामूली बातों और चीज़ों से जोड़कर एक पुरबिहा व्यक्ति अपने को देख रहा है और वह स्वयं अपने को परिभाषित भी कर रहा है। इन सबके पीछे एक प्रदेश का इतिहास है जो कठिनाइयों और दुखद घटनाओं से भरा पड़ा है। भले ही प्रकट संकेत उन कठिनाइयों की तरफ दिखाए नहीं गए हैं फिर भी वह

अलिखित इतिहास कविता में अपना सान्निध्य व्यक्त कर रहा है। मुश्किलों में जीते हुए पुरबिहे विस्थापन के दृश्य को भी समझते हैं। अवहेलना के झोंकों से झुलसे हुए ये लोग दूसरों के दुख को ठीक से पहचानते हैं। दुख उन्हें अवसादग्रस्त तो बनाता है; परन्तु वही दुख उन्हें जीने की प्रेरणा भी देता है और दूसरों को जिलाने की प्रेरणा भी देता है। अपने प्रदेश विशेष के प्रति गहराई से जुड़े हुए ये दूसरे प्रदेश के वासियों के दुख को अनदेखा नहीं कर पा रहे हैं। उनकी वैश्विक चिन्ता इस कविता की अन्तिम पंक्तियों में जाहिर होती है। जहाँ विस्थापन से जन्मी टकराहट और खून-खराबा होता है वहाँ ये पहुँच जाते हैं। दुख सबका एक जैसा होता है, रक्त सबका एक जैसा होता है। उनके आँसू तथा खून अपने अँगोछे से पोंछने के लिए पुरबिहा तैयार होता है—

इस समय यहाँ हूँ
पर ठीक इसी समय
बगदाद में जिस दिल को
चीर गई गोली
वहाँ भी हूँ
हर गिरा खून
अपने अँगोछे से पोंछता
मैं यही पुरबिहा हूँ
जहाँ भी हूँ।

आत्मसंकोच के इस कठिन समय में केदारनाथ सिंह की कविता आत्मविस्तार को एक महत्त्वपूर्ण मूल्य के रूप में घोषित करती है। जहाँ-जहाँ मामूली लोग विस्थापन की समस्या से तथा तज्जनित विपन्नता की समस्या से जूझते हैं वहाँ पहले-पहल साधन-सामग्री की सख्त जरूरत होती है। लेकिन सबसे अहम बात सहजीवन और सहभाव की भावना है जो मनुष्य को मनुष्य बनाती है। इस कविता में एक पुरबिहा प्रदेश की पारदर्शी संस्कृति श्रेष्ठ वैश्विक संस्कृति में परिवर्तित दिखाई देती है।

इस कविता के साथ विचार करने योग्य कविता है 'खून' जो उनके अन्तिम संकलन 'मतदान केन्द्र पर झपकी' की है। कवि का कहना है कि खून नसों में बहते-बहते थक गया है। उसे लाखों-करोड़ों मीटर की लम्बी यात्रा करनी पड़ती

है। हमारे शरीर से होकर उसकी यात्रा की वजह से खून भी थकता है और हमारा शरीर भी थकता है। बावजूद इसके उसकी यह यात्रा ढाई-अरब देहों में अनवरत जारी है। कवि का यह भी कहना है कि यह खून की मजबूरी है—

कभी-कभी लगता है एक सामूहिक थकान
झेल रहा है वह
जैसे लाखों बरसों की एक कड़ियल चट्टान
रखी है उसके कन्धों पर
जाना कहाँ है—पहुँचना कहाँ है
इससे बेख़बर सिर्फ़ चल रहा है वह

खून का बहना या चलना—बेखबर सिर्फ चल रहा है वह—बहुआयामी अर्थों से भरी पंक्ति है। खून यहाँ आदमी में तब्दील होता सा प्रतीत होता है। हमारे बीच में अपने लक्ष्य से अनजान होकर चलनेवाले लोगों की संख्या से हम स्वयं अनजान हैं। देशों के बीच की अवांछित राजनीति के कारण गोली के शिकार होनेवाले लोगों के खून को पता नहीं है कि वह किस तरफ बह रहा है। खून वहन करनेवाले लोग भी अनजान हैं। उस कारण से ही कवि ने खून की थकान को 'सामूहिक थकान' के रूप में देखा है। यही नहीं कि यह नाटक लाखों बरसों से चल रहा है। उसे कवि ने एक अन्य रूपक की तरह प्रस्तुत किया है—एक कड़ियल चट्टान उसके कन्धे पर रख दिया है—प्रश्न यही है कि किसने? और क्यों? इन दोनों प्रश्नों के लिए जवाब नहीं है। इसलिए नसों में बहते खून के साथ अनजान मुकाम की ओर बढ़नेवाले लोग सिर्फ एक सामाजिक निशान छोड़कर चले जा रहे हैं।

कविता की अन्तिम पंक्तियों में खून के प्रवाह को केदारनाथ सिंह एक विराट रूपक में बदल दिया है। भले ही कई प्रकार की सीमाओं में सभी देश गिरफ्त दिखाई देते हैं लेकिन कवि के सामने प्रश्न है कि क्या इन देशों में रहनेवाले, अलग-अलग रूप-रंग के लोगों के खून अलग-अलग हैं? देश की सीमा किसने बाँधी? नस्ल बनाई किसने। धर्म और जात तथा उनकी तमाम रूढ़ि-धर्मिताएँ कब, किसने रची? चाहे जो हो, संस्कृति ने जैसा भी कुपाठ रचा हो, कवि का मानना है कि 'पृथ्वी के सारे खून एक हैं'। इसे भावातिरेक में लिये गए निर्णय के रूप में देखना अनुचित है। जब हम उस खून को नज़दीक से देखते हैं और हमारी आँखों में अयाचित पट्टियाँ बँधी नहीं हैं तो हमें मालूम होगा, जैसे कवि को लगा, खून एक ही बह रहा है। जब

एक फौजी किसी भी सीमावर्ती प्रदेश में गोली लगने से गिरता है तो उसका खून क्या हमारे खून से भिन्न है? वह भिन्न नहीं है। कवि लिखते हैं—

पृथ्वी के सारे खून एक हैं
एक ही यात्रा में
एक ही पृथ्वी भर लम्बी देह में
दौड़ रहे हैं वे
नहीं—विश्राम उन्हें नहीं चाहिए
सीरिया में जो टपकती है बूँद
उसे सुनती है मेरे गाँव के
बच्चे की धड़कन
अरबों धड़कनें एक ही लय में
घुमा रही है दुनिया को
हर खून
हर खून से बतियाता है!

कविता के इस विराट रूपक में खून के आपसी सामंजस्य और मौन-मुखरित संवाद को दर्ज किया गया है। परन्तु हमारी संस्कृति की त्रासदी यही है कि हम इस सामंजस्य को न देख पाते हैं न उस संवाद को सुन पाते हैं। गोली लगने से जो कोई सीरिया में गिर पड़ा है जिसके बदन से रिसते खून की बूँदों की टपकन कवि के अनुसार मेरे गाँव के बच्चे की धड़कन सुन रही है। जब केदारनाथ सिंह लिखते हैं कि 'हर खून हर खून से बतियाता है' तो उसमें संस्कृति के आत्मालोचन की प्रखर दृष्टि मौजूद है और साथ ही उनके आत्मविस्तार की विराटता भी दर्शित होती है। यह इसलिए भावातिरेक की अभिव्यक्ति नहीं है क्योंकि उसका यथार्थ एक नहीं अरबों आदमियों का यथार्थ है।

आत्मविस्तार की भावना केदारनाथ की कविता की एक प्रवृत्ति मात्र नहीं है। वह उनकी बहुसंख्यक कविताओं की सत्ता मीमांसा है। इस एक मूल्य स्थिति से अलग करके उनकी कविता की पहचान सम्भव नहीं है। उनकी प्रत्येक कविता में आत्मविचार का क्षितिज खुला मिलता है। यही वस्तुतः उनकी सर्जनात्मक ऊर्जा है। 'एक लोक की अनुकृति' (जो मैंने मंगल माँझी से सुना था) शीर्षक से एक कविता है। शीर्षक से ही पता चलता है कि यह कविता एक लोकगीत की अनुकृति है।

लोक-मानस के समावेशी स्वभाव को केदारनाथ सिंह ने हमेशा प्रशंसा भरी दृष्टि से देखा है क्योंकि वे उसी में पले-बढ़े व्यक्ति हैं। इसलिए प्रकृति, पर्यावरण और पारिस्थितिकी को अपनी आत्मा के अभिन्न अंग के रूप में ही वे अनुभव करते हैं। इन्हीं से उन्हें मनुष्य, समाज और सामाजिकी की पहचान भी मिली। वे अपनी आत्मा से मुक्त होते गए। आत्मविस्तार की अनुभव-यात्रा के दौरान ही उन्हें यह पहचान भी मिली थी कि प्रत्येक मनुष्य का अपना महत्त्व और मूल्य है। उसको नज़रअन्दाज करने का मतलब उनके लिए संस्कृतिविहीन होने की तरह है। वे लिखते हैं—

आम की सोर पर
मत करना वार
नहीं तो महुआ रात-भर
रोएगा जंगल में
कच्चा बाँस कभी काटना मत
नहीं तो सारी बाँसुरियाँ
हो जाएँगी बेसुरी

इसमें सिर्फ पर्यावरण के प्रति साधारण सा अनुराग व्यंजित नहीं है। पारिस्थितिकी के साथ की रागात्मकता इसमें व्यंजित होती है। मनुष्य ही साहित्य का लक्ष्य वाला तथ्य यहाँ अपर्याप्त लगने लगता है। समस्त चराचर साहित्य की (कविता की) परिधि में आ जाते हैं। कुछ अफ्रिकी आदिवासी समाजों में एक विशेष प्रकार की प्रथा का चलन है; पेड़ को काटने के पहले उसकी पूजा की जाती है जिसमें उससे अनुमति लेने की बात केन्द्र में रहती है। उसी तरह केदारनाथ सिंह भी पारिस्थितिकी की सुरक्षा को एक सामाजिक कार्य-कलाप के रूप में नहीं बल्कि आत्मा के कार्य-कलाप के रूप देखते हैं और इस तरह वे अपने आत्मविस्तार के मूल्य को जीवनचर्या के अविभाज्य घटक के रूप में स्वीकार कर रहे हैं। पारिस्थितिकी के प्रति यह जो ममत्व उजागर होता है उसी के अनुसरण में जीवन और जीवन-सम्बन्धों को भी वे देखते हैं। रिश्तों की ऊष्मलता को व्यक्ति तक या व्यक्तियों तक सीमित न करके मूल्यों की ऊष्मलता के रूप में वे स्वीकार कर रहे हैं—

कल जो मिला था राह में
हैरान-परेशान
उसकी पूछती हुई आँखें

भूलना मत
नहीं तो साँझ का तारा
भटक जाएगा रास्ता
किसी को प्यार करना
तो चाहे चले जाना सात समुन्दर पार
पर भूलना मत
कि तुम्हारी देह ने एक देह का
नमक खाया है।

सधे हुए शब्दों के सहारे, बड़े संयम के साथ केदारनाथ सिंह मनुष्य की पीड़ा को व्यक्त कर रहे हैं। पीड़ा में दबे हुए लोगों को और उनकी दुखती हुई आँखों को भूलना नहीं चाहिए क्योंकि कारुणिकता से बड़ा कोई मूल्य नहीं है। उनकी कई कविताओं में बुद्ध का उल्लेख बार-बार हमें मिलता है। उनके सामने कवि अपने बहुत सारे सन्देह प्रस्तुत करते हैं। संवाद में लगते हैं और यह एक संयोग मात्र नहीं है—

वह कुशीनगर की एक शाम
अटकी मेरे भीतर अनाम
था गया हुआ उनसे मिलने
सब जाते हैं जिनसे मिलने
वे मिले नहीं पर लगता था
सारा खंडहर वह भरा-भरा
वह भरा-भरा-सा-पन लेकर
छानता रहा मैं कुशीनगर

इस कविता में बुद्ध सब कहीं विद्यमान है। कारुणिकता का अपार समन्दर इन पंक्तियों में दिखाई देता है। वही कवि का लक्ष्य भी है। इसलिए जीवन में कारुणिकता के कई रंगों का इस्तेमाल करना सबसे बड़ा धर्म है। यही केदारनाथ सिंह की कविता की धार्मिकता है। इसे आत्मविस्तार की धार्मिकता भी कही जा सकती है।

गिरिधर बिन यह सब झूठो धाम

कवि कुम्भरदास अष्टछाप के कवि हैं। उनका यह पद चर्चित रहा है, "भक्तन को कहाँ सीकरी सों काम/आवत जात पनहियाँ टूटी बिसरि गई हरि नाम"/कुम्भनदास की यह उक्ति भी प्रसिद्ध है, "लाल गिरिधर बिन यह सब झूठो धाम।" विनय भाव के इस भक्त शिरोमणि कवि ने भौतिक जीवन के प्रलोभनों से सदैव अपने को अलग रखा। धनाभाव के बावजूद उन्होंने किसी से दान नहीं लिया। कहा जाता है कि एक बार अकबर ने राजसभा में कुम्भनदास के पदों के गायन के बारे में सुनकर उन्हें फतेहपुर सीकरी बुलाया। वे जाना नहीं चाहते थे। जोर देने पर वे पैदल ही चले गए। अकबर की राजसभा के वैभव से वे आकर्षित नहीं हुए। उनके मन में श्रीनाथ की मूर्ति बसी हुई थी। अकबर के अनुरोध करने पर उन्होंने उपर्युक्त पद गाया। अकबर कवि की मनोदशा से परिचित हो गए थे। इसलिए उन्हें आदरपूर्वक बिदा की।

कुम्भनदास की यह जीवन-कथा और उनकी अगाध भक्ति-भावना जन-जन के बीच प्रचारित है जिसमें उनकी गिरिधर के प्रति भक्ति प्रमुख रूप से व्यक्त है तथा प्रलोभनों से वे शत-प्रतिशत मुक्त दिखाई देते हैं। एक निष्ठावान सन्त का जीवन ही कुम्भनदास ने व्यतीत किया है। केदारनाथ सिंह की कविता 'कवि कुम्भनदास के प्रति' भक्त कवि की इन्हीं विशिष्टताओं पर आधारित है। परन्तु उनकी कविता एकायामी कविता नहीं है। कुम्भनदास की प्रचारित कथा उनकी कविता की प्रस्थान-बिन्दु है। कविता दरअसल हमारे समकालीन समय से होकर एक लम्बी यात्रा तय करती है और यह समय भी सामान्य नहीं है।

कविता में स्वीकृति काल कवि की इच्छित दृष्टि को ही व्यक्त कर रहा है। केदारनाथ सिंह ने अपने काल को तथा उसकी बहुआयामिता को कविता के केन्द्र में रखा है। इसके लिए उन्होंने कुम्भनदास के समय को कविता में पुनर्रचित

किया है। बहुत ही नाटकीय ढंग से वे अपने समय से कुम्भनदास के समय में प्रवेश कर रहे हैं। जिस पद के लिए कवि कुम्भनदास चर्चित हुए थे वह एक मामूली सा पद नहीं था। एक पद, जिसमें से खासकर एक पंक्ति केदारनाथ सिंह के अनुसार हिन्दी के रचनात्मक मानस को हिलानेवाली सिद्ध हो गई। इसी बात से कविता शुरू हो रही है—

सन्त कवि
खड़ा हूँ आपकी समाधि के सामने
और मेरे दिमाग में गूँज रही है
आपकी वह पंक्ति—
'सन्तन को कहाँ सीकरी सों काम'
सदियों पुरानी एक छोटी सी पंक्ति
और उसमें इतना ताप
कि लगभग पाँच सौ वर्षों से हिला रही है हिन्दी को

कुम्भनदास के समय में भी प्रलोभन की तमाम चीजें थीं। उससे मोहित होनेवाले कवि और कलाकार भी थे। यह बात सहज मान ली गई थी। सम्राटों से पुरस्कृत होना महत्त्वपूर्ण समझा जाता था। समाज की इस स्वीकृत मान्यता के विरुद्ध, अपनी अभावग्रस्तता के बावजूद, कवि कुम्भनदास ने अपनी प्रतिक्रिया व्यक्त की थी। सन्त वही है जो जीवन के साधारणत्व से ऊपर उठता है। उन्होंने वही किया था। केदारनाथ ने उक्त प्रसंग को नाटकीय अन्दाज़ में प्रस्तुत किया है। यही नहीं कि उक्त प्रसंग के साथ मात्र अपने को ही नहीं पूरे हिन्दी समाज को उन्होंने जोड़ दिया है। कुम्भनदास की प्रतिक्रिया में जो ताप है वह पिछले पाँच सौ वर्षों से हिन्दी को (हिन्दी समाज को, पूरे समाज को) हिला रहा है। अपने साथ अपनों जैसे रचनात्मक मानस को भी वे एक साथ पिरो रहे हैं। केदारनाथ सिंह अपने पूर्वज कवि की समाधि के सामने खड़े हैं। यह उनकी भी एक तपपूत अवस्था है। पाँच सौ वर्षों के उस दूरवर्ती ध्रुव पर कुम्भनदास हैं और इस ध्रुव पर केदारनाथ सिंह हैं। बीच में समय का कोलाहल है। उस कोलाहल में से केदारनाथ सिंह सिर्फ मन के कोलाहलमय द्वन्द्व को ही स्वीकार कर रहे हैं। उसमें एक कवि-मानस का अन्तर्द्वन्द्व है। सदियों पुरानी एक छोटी सी पंक्ति दो कवियों के बीच—एक मध्यकालीन कवि और एक समकालीन कवि—उद्वेलित अवस्था

में अब भी विद्यमान है। अधिकार की रंगस्थली में कवि (सन्त भी) के लिए क्या स्थान है? अधिकार केन्द्र से एक सन्त-कवि क्यों दूर रहे?

पुनः केदारनाथ सिंह ने कुम्भनदास के अन्तर्द्वन्द्वपूर्ण उस सफर को अपने साधारणत्व से अधिकार केन्द्र के वैभव मुक्त परिवेश तक नाटकीकृत किया है। समय की यह पुनर्रचना क्यों? इसमें एक तरफ काल का द्वन्द्व है और दूसरी तरफ कवि का मानसिक द्वन्द्व है। लेकिन केदारनाथ सिंह ने उस कठोर तनाव को सरल ढंग से अवतरित किया है। पर यह सरलीकरण नहीं। मध्यकालीन कवि को समझने के लिए, उन्हें आत्मसात करने के लिए उन्हें यह आवश्यक लगा होगा—

कविवर,
धृष्टता क्षमा हो तो पूछूँ—
क्या हुआ था उस दिन?
आखिर एक सन्त कवि को कुटिया छोड़कर
जाना क्यों पड़ा सीकरी
कितना समय लगा एक कवि के पैरों को
अपनी कुटिया से चलकर सीकरी तक जाने में
लगाने पड़े महल के कितने चक्कर
कि पनही टूट गई
और गिर पड़ा झोली से
कहीं हरिनाम भी!
क्या हुआ था कविवर
एक कवि की आँखों को
कैसी लगी सीकरी कि और से फूट पड़ी
हिन्दी की वह सबसे अकेली
दुखती हुई पंक्ति

यहाँ पर कविता का स्पष्ट कायान्तरण लक्षित होता है। कवि का भी कायान्तरण इसमें है। कवि कुम्भनदास की सीकरी की तरफ की यात्रा को केदारनाथ सिंह ने पुनरवतरित किया है। सम्राट के बुलावे पर अपनी कुटिया छोड़कर कुम्भनदास सीकरी जा रहा है। इसे समकालीन कवि केदारनाथ सिंह एक सवाल में तब्दील कर रहा है, "आखिर एक सन्त कवि को कुटिया छोड़कर/जाना क्यों पड़ा था

सीकरी।" क्या यह अधिकार के वर्चस्व का प्रतिफलन है? यह अधिकार द्वारा सृजित विस्थापन का विस्तार है? आगे केदारनाथ सिंह पूछ रहे हैं कि "कितना समय लगा एक कवि के पैरों को/अपनी कुटिया से चलकर सीकरी तक जाने में।" सामान्यत: इसका अन्दाजा लगाया जा सकता है। लेकिन उसका अभिधात्मक अर्थ अभीष्ट नहीं है। केदारनाथ सिंह के लिए, यह एक कवि की ऐसी यात्रा है जिसमें सबसे पहले उन्हें अपना धाम छोड़ देना पड़ रहा है। भीतर से टूटा हुआ कवि अधिकार के गलियारे की तरफ यात्रा कर रहा है। यह एक अयाचित यात्रा है, यह इच्छित नहीं है। यह वस्तुत: एक आरोपित यात्रा है। केदारनाथ सिंह का सवाल उसी से सम्बन्धित है कि कितना समय लगा होगा? यह अतिविलम्बित पदयात्रा तनाव ग्रस्त कवि की है। महल के चक्कर लगाते उनकी पनही टूट गई और झोली से हरिनाम भी गिर पड़ा होगा। सीकरी अधिकार का केन्द्र है। वहाँ एक कवि, यदि वह उसके वैभव से आकृष्ट नहीं है तो फिर क्या कारण हो सकता है? वहाँ एक कवि अपनी आत्मा से वंचित हो सकता है। क्या सीकरी के वैभव ने उस कवि को प्रलोभित किया था? नहीं, कुम्भनदास की कथा ऐसी नहीं है। फिर भी केदारनाथ सिंह कवि कुम्भनदास की प्रचलित कथा की तह तक जाकर उनसे पूछ रहे हैं कि आपके अन्तर्मन से क्यों फूट पड़ी थी हिन्दी की वह सबसे अकेली और दुखती हुई पंक्ति? अपनी अयाचितता से परिचित होने से कारण ही पूर्वज कवि ने ऐसी पंक्ति लिखी होगी। लेकिन केदारनाथ सिंह के लिए यह सबसे अधिक दुखती हुई पंक्ति है। मोहन राकेश के नाटक 'आषाढ़ का एक दिन' के कालिदास की कथा में भी इसी तरह का एक प्रसंग आता है। नाटक के अन्त में कालिदास अधिकार केन्द्र को छोड़कर वापस अपने गाँव आता है। उस समय की उनकी प्रतिक्रियाओं में भी ऐसी दुखती मानसिकता की अभिव्यक्ति हुई है। उनमें हम एक ऐसे कवि को देख पाते हैं जो अपनी जड़ों से पूरी तरह से उखड़ा हुआ है। वही अवस्था कवि कुम्भनदास की भी हुई होगी। एक सन्त को सीकरी में क्या काम है? यह एक मामूली सी पहचान नहीं है। वस्तुत: यही एक कवि की सही और सार्थक पहचान है। अधिकार का अपना वैभव होता है। उसमें वास्तविक कवि का मन रम नहीं सकता। इससे सिद्ध होता ही है कि कवि का मन कहाँ पर रमता है और कविता कहाँ जड़ें जमा सकती है। केदारनाथ सिंह ने पूर्वज कवि की तनावग्रस्तता को, अन्तत: कवि की तनावग्रस्तता को ही व्यक्त किया है। कुम्भनदास की उस एक पंक्ति को उन्होंने हिन्दी की अकेली दुखती पंक्ति के रूप में प्रस्तुत किया है। इसमें

केदारनाथ सिंह की कविता-भाषा, जो अपनी ऊपरी सतह पर सरल प्रतीत होती है, मगर उसकी अन्तरंग परतों की अनंत खूबियाँ स्वयमेव प्रकट होती हैं। काव्य-भाषा वस्तुतः भाषा के भीतर स्वरचित भाषा होती है। केदारनाथ सिंह सदैव ऐसी ही भाषा सृजित करते हैं जिससे कविता-वस्तु की जीवन-सम्पृक्ति की अभिव्यक्ति बखूबी सम्भव हो पाती है।

अब कविता में नाटकीयता समाप्त होती है। केदारनाथ सिंह कवि कुम्भनदास के समाधि-स्थल से जाने को तैयार होते हैं। उन्हें अपने शहर दिल्ली जाना है। जाते-जाते वे दिल्ली के बारे में सन्त कवि को बताते हैं। उनका कहना है—

दिल्ली से आया हूँ
चाहूँ न चाहूँ
जाना होगा दिल्ली ही
और दिल्ली आज की सीकरी है सन्त प्रवर
तब तो एक थी
अब एक के अन्दर एक
जाने कितनी सीकरियाँ हैं!

यहाँ पर एक सामान्य वस्तुवादी कथन, धीरे-धीरे शब्दों की अपनी मितव्ययिता के बावजूद, एक विकराल सच का रूप धारण करके हमारे सामने प्रकट होता है। वे कहते हैं, "सन्त प्रवर दिल्ली आज की सीकरी है।" अकबर के जमाने में फतेहपुर सीकरी जो थी वह आज दिल्ली है। लेकिन आगे की पंक्तियों में वह विकरालता प्रकट होती है। वर्चस्वी केन्द्रों की सही तस्वीर ही वे उतार रहे हैं। ये पंक्तियाँ पिकासो के विश्वप्रसिद्ध चित्र 'गुयर्निका' की तरह हमारे सामने घूरती नज़र आ रही हैं। देखते-देखते उसकी गहनता बढ़ती जा रही है। कवि अपने समय को इस तरह शब्दबद्ध कर रहे हैं कि दिल्ली में एक नहीं अनेक सीकरियाँ हैं। 'एक के अन्दर एक/जाने कितनी सीकरियाँ हैं'। विकास की तथाकथित बहुमुखी स्थितियों के बावजूद-अधिकार केन्द्रों का वर्चस्व दृढ़तर होता जाता है। जितना वह दृढ़तर होता है उतना वह जीवन से कटता जाता है। फिर उस भयावह वातावरण में लोगों को रहना पड़ रहा है।

मुक्तिबोध की तरह केदारनाथ सिंह भयावह स्थितियों को उकेर नहीं रहे हैं। लेकिन केदारनाथ की कविता में शब्दों की अद्भुत ध्वनन-क्षमता है जिसके

माध्यम से समय की भयावहता को वे सही मायने में प्रस्तुत कर पा रहे हैं। 'कवि कुम्भनदास के प्रति' शीर्षक कविता में वे एक भयावह सवाल छोड़कर जा रहे हैं—

यह कैसी अनबन है—
कविता और सीकरी के बीच
कि सदियाँ गुज़र गईं
और दोनों में आज तक पटी नहीं!

कविता और सीकरी के बीच सार्थक रिश्ते की बात फिज़ूल है क्योंकि वे दो अलग-अलग उन्मुखताओं के ध्रुवान्त हैं। इसका कारण स्पष्ट है। अधिकार का वर्चस्व जिस अनुपात में जीवन से कटता जाता है उसी अनुपात में कविता जीवन से जुड़ती जाती है। एक ओर दुराव है तो दूसरी तरफ जुड़ाव है। ऐसे में इन दोनों के बीच अनबन का होना स्वाभाविक है। फिर भी जिस अन्दाज़ में केदारनाथ सिंह ने यह सवाल छोड़ दिया है वह हमें बार-बार अपने भीतर झाँकने के लिए प्रेरित करता है क्योंकि वह एक मामूली सा सवाल नहीं है।

कवि कुम्भनदास में ऐसी ताकत थी कि वे सीकरी के होकर भी सीकरी के नहीं रहे। आसानी से वे सीकरी छोड़ भी सके। उनके सामने यह विकल्प था कि वे गिरिधर के अलावा बाकी सबको त्याज्य समझ सकते थे। इसमें भक्ति की पारगम्यता है तो भौतिक जीवन को आस्था से जोड़ने का उपक्रम भी। उनकी आस्था आडम्बरों की असहजता में कम और भक्ति की निष्ठा में अधिक थी। इसलिए वे यह कह सके, "गिरिधर बिन यह सब झूठो धाम"। कर्नाटक संगीत (भारतीय संगीत की दक्षिणी शैली) के वरिष्ठ संगीतज्ञ त्यागराज स्वामी की एक प्रसिद्ध रचना है, 'निधि चाला सुखमा...' जिसमें वे पूछते हैं कि हृदय को सुख प्रदान करनेवाला तत्त्व क्या है? भौतिक सुख-सुविधाएँ या राम का पादपद्म? राम के पादपद्मों में वे आत्यन्तिक सुख का अनुभव करते हैं।

केदारनाथ सिंह भक्तकालीन सन्त कवि नहीं हैं। उनके सामने अपना विकल्प है। वह अपनी समय-स्वीकृति का विकल्प है। इसलिए उनका सवाल दरअसल सवाल भी है तथा एक सशक्त जवाब भी है। कविता और सीकरी के बीच सम्बन्ध नहीं हो सकता है। इसमें दो समय के कवियों की पारदर्शी पहचान सन्निविष्ट है।

स्मृतिभ्रंश की संस्कृति के प्रतिरोध में

हमारी ज्ञान-परम्परा की अपनी विशेषताएँ हैं। उसके उपयोग करनेवालों के आधार पर यानी हमारे समाज की विशेष संरचना के आधार पर ज्ञान-परम्परा को शास्त्रज्ञान और लोकज्ञान के रूप में विभाजित करके देखा गया है। ज्ञान-परम्परा के कई रूप लिखित रूप में उपलब्ध हैं और उनके कई रूप मौखिक अवस्था में हैं। हमारी बौद्धिकता की इस विरासत को जो प्रमुखता या प्राथमिकता मिलनी चाहिए थी, वह मिली नहीं। आधुनिकतावाद का दौर उपनिवेशवादी समय की देन है। अधिकार के वर्चस्व के साथ आधुनिकतावाद का आगमन हुआ। हमारी गुलाम मानसिकता ने उसे पूरी तरह से स्वीकार किया। ज्ञान-परम्परा का एक नया रूप हमारे जीवन के साथ जुड़ गया। इसका प्रभाव बाहरी नहीं था; वह अत्यन्त गहरा था। इससे हमारी अपनी बौद्धिक वृत्ति धीरे-धीरे अविकसित होने लगी और वह विस्मृत भी होने लगी। यह कहना भी उचित लगता है कि आधुनिकतावाद ने हमें स्मृतिभ्रंश के कगार पर छोड़ दिया। हम एक-एक को छोड़ते चले गए, भूलते चले गए। इस कारण से हमारी समृद्ध ज्ञान-परम्पराएँ विस्मृति के गर्त में विलीन होने लगीं। इसी दौर में हमारी जो पीढ़ी आ गई उसके पास ज्ञान-परम्परा का कुछ भी बचा नहीं था। जहाँ समृद्ध ज्ञान-परम्पराएँ ही, जिनसे एक स्वस्थ जीवन-शैली विकसित हो सकती थी, वहाँ सिर्फ पश्चिमी परम्पराओं का वर्चस्व दिखाई पड़ने लगा। हमारी सामाजिकी और संस्कृति के सन्दर्भ में स्मृतिभ्रंश की हमारी प्रवृत्ति को साधारण ठहराना सच को ओझल करने की तरह है। यह कहने को हम बाध्य हो रहे हैं कि हमारी इस मिट्टी से उत्पन्न श्रेष्ठतर बौद्धिक गतिविधियाँ आयातीत बौद्धिक गतिविधियों के सम्मुख घुटने टेकते नज़र आने लगीं। हमारा स्वभाव ऐसा हो गया कि हम स्मृतिभ्रंश के शिकार होते गए। हमारी पूरी दृष्टि-सम्पन्नता दृष्टि-संकोच में तब्दील होती गई। हमारी संस्कृति भी संकोच की अवस्था में कुंठित होती गई। अधिकार के सम्मुख रोजमर्रा की सुविधाओं के लिए हमने अपने को दाव पर रखा। भौतिकता की चरम अवस्था में प्रयोजनवाद

का पलड़ा हमारे यहाँ सदैव भारी नज़र आने लगा। ऐसे में बौद्धिकता के परिदृश्य में स्मृतिभ्रंश अनिवार्य था। इस तरह हमारी विरासत में समृद्धि के साथ उपलब्ध ज्ञान-परम्पराएँ यदा-कदा परामर्शित होती थीं; परन्तु वे हमारे मनस्तत्त्व के साथ एकीकृत नहीं हो पाया और हमारी जीवन-शैली का अविभाज्य अंग भी नहीं हो पाई।

स्मृतिभ्रंश संस्कृति के लोप को ही दर्शा नहीं रहा है। वह संस्कृति का आमूल-चूल विघटन का खुला परिचय है। इस सांस्कृतिक विघटन को केदारनाथ सिंह ने 'पांडुलिपियाँ' शीर्षक कविता का विषय बनाया है। यह कविता अतीत का महिमा-गायन नहीं है। अतीत को स्वर्णिम घोषित करने का प्रयास भी नहीं है। एक स्वस्थ जीवन-शैली, एक विकसित बौद्धिक मनोवृत्ति और रूढ़ियों से मुक्त समग्र चेतना जो अपने यथार्थ रूप में हमारी विरासत में मौजूद थी उसके न होने की अवस्था से या यों कहें कि उसको पूरी तरह से भूली हुई अवस्था से उद्‌भूत अवसाद को कवि ने इस कविता में शब्द दिए हैं। पांडुलिपियाँ, जैसे शब्द से ही जाहिर है, पुरानी है। लेकिन इस पुराने ग्रन्थ समुच्चय में, कवि के अनुसार, बौद्धिकता का कोश जीवन्त है। लेकिन सदियों से अपठित और समझ और संवेदना के बाहर रख दिए जाने से पांडुलिपियाँ उदास हैं। वे एक उदाहरण इस तरह देते हैं, "वह एक जर्जर-सी पांडुलिपि थी/शायद पिछली सदी की।" कविता की शुरू की ये पंक्तियाँ परिचयात्मक ही हैं। लेकिन गम्भीर वाचन के अवसर पर ये पंक्तियाँ अपनी यथार्थता को पार कर जाती हैं। 'एक जर्जर-सी पांडुलिपि' और शायद पिछली सदी जैसे शब्द सिर्फ उसकी बाहरी अवस्था को द्योतित करने के लिए प्रयुक्त नहीं हैं। स्मृतियों के गह्वर गुफा-गेह की तरफ की कवि की अनवरत यात्रा को तथा उसके लक्ष्य स्थान से प्राप्त बौद्धिक चेतना के प्रतीक चिह्न रूपी पांडुलिपि से सम्बन्धित ये शब्द संस्कृति के पुनर्पाठ के लिए हमें प्रेरित कर रहे हैं। हमारे इन शब्द-समुच्चयों में हमारी सशक्त सामाजिकी की बहुविध दिशाएँ गतिशील थीं। साथ-ही-साथ ये हमारे ठोस विवेक के प्रतीक चिह्न भी थे। पर दुख की बात है कि हम स्मृतिभ्रंश के शिकार हो चुके थे। हमारी स्मृतियाँ अब गतिशील नहीं हैं। वे जगती नहीं हैं; इसलिए हमारी विवेकशीलता अवरुद्ध हो गई है। लेकिन कवि बौद्धिक चेतना के प्रतीक चिह्न रूपी पांडुलिपियों को छूकर देखता है और उस कर्म के बारे में उनका कथन है—

इतनी जर्जर थी वह
कि मैंने डरते-डरते पहला पत्ता खोला

और क्या आप विश्वास करेंगे
मुझे उसके भीतर सुनाई पड़ी एक स्त्री की चीख
जो किसी अक्षर के नीचे
दबी पड़ी थी

इन पांडुलिपियों में सुरक्षित जो बौद्धिक दृष्टि है वह हमारे विघटित जीवन और उसके अयाचित मूल्य विघटनों को भी देख पाती है। उनमें दिमागी कसरत के योग्य सामग्री ही नहीं बल्कि यथार्थ को पूरी यथार्थता सहित देखने की क्षमता भी थी। इसलिए वह विलापों को, चीखों को और आर्तनादों के व्याकरण को हमारे सामने रखती है। इसलिए पांडुलिपि को खोलते ही उसके किसी अक्षर के नीचे दबी पड़ी चीख कवि को सुनाई देती है। यह यथार्थ का एक इतिहास है। जीवन से सम्बन्धित असंख्य दीर्घदृष्टियों की गम्भीर चर्चा के साथ इनमें यथार्थता भी उल्लेखित है। कविता के आरम्भ में केदारनाथ सिंह हमारी बौद्धिक चेतना की उस दूरदर्शिता को दिखा रहे हैं जहाँ जीवन-यथार्थ आच्छादित नहीं है।

विस्मृत कर दिए गए इन ग्रन्थ समुच्चयों में ऐसी एक अनियंत्रित इच्छा सुप्तावस्था में पड़ी हुई है। कई कारणों से हम इन शब्द-सम्पदाओं से अलग हो गए हैं। इनसे हमारी आत्मा का ऐक्य सम्भव नहीं हो पा रहा है। हम स्मृतिभ्रंश के रोगी जो ठहरे! इसके बावजूद यदि कोई इस विरासत का सदुपयोग करने का संकल्प कर लेता है तो ये पांडुलिपियाँ आत्मीयता से उन्हें घेर लेती हैं। वे उस पुनर्पाठ से उत्तेजित महसूस करती हैं। यह उस विरासत की अपूर्वता और अनन्यता है जो यांत्रिकता से मुक्त है। कालान्तर में जिस बौद्धिक चेतना से हम अभिभूत हुए वे यांत्रिक अधिक थीं जबकि हमारी चेतना मानवीयता की बहुविध परिणतियाँ हैं। उक्त प्रसंग को मानवीकृत करके कवि का कहना है—

पर सबसे रोमांचक अनुभव
मुझे उस समय हुआ
जब मैं खड़ा था एक प्राचीन हस्तलेख के सामने
और उसके भीतर से एक आवाज़ ने
जैसे मुझे पहचाना और लगा जैसे पूछा हो—
'कैसे हो केदारनाथ?'

इस आत्मीय स्वर ने कवि को हिला दिया था। लेकिन उनका कहना है कि वे

चकित नहीं हुए थे। यांत्रिकता से मुक्त आत्मीयता हमें चमत्कृत नहीं करती है; वह अभिभूत करती है। कवि यह मान रहे हैं जो एक घनिष्ठ सम्बन्ध विरासत में निहित बौद्धिकता का रहा है वह स्मृतिभ्रंश के कारण तिरोहित हो चुका था वह पुनर्जीवित हो उठता है। पांडुलिपियों के स्पर्श मात्र से पुनः वह आत्मीय रिश्ता जाग उठता है। जिस तरह आदमी अकेलेपन को सहता है उसी तरह सदियों तक अनदेखा रह जाने से, अनुपयोगी होने से वे भी एकान्त को सहते हैं। बौद्ध साहित्य के पुनर्पाठ का संकेत देकर केदारनाथ सिंह राहुल सांकृत्यायन की कर्मठता के कारण जीवित हो उठी विरासत के बारे में बता रहे हैं—

अकसर सोचता हूँ
वह क्या होता है उनकी स्याही में
कि पन्ना-पत्ता बिखर जाने के बाद भी
वे सदियों तक तकती रहती हैं
किसी राहुल की राह
किसी तिब्बत के मठ में!

इस एक परामर्श के साथ केदारनाथ सिंह सुझाव भी देते हैं कि आप सभी उनके साथ चलकर इन विस्मृत-सी पड़ी पांडुलिपियों को, जो थकी-पुरानी हैं, फटी-उदास हैं, देखें। यह एक अवलोकन मात्र नहीं है बल्कि यह ऐसी पुनरयात्रा है विरासत की तरफ जिसने हमें गतिशील दृष्टि प्रदान की थी, जिसने हमें दूसरों के दुख को पहचानने की क्षमता दी थी। विरासत के इस आत्मीय बिम्ब को आधुनिकतावाद ने तोड़ दिया था और प्रयोजनवाद के यांत्रिक गर्त में डाल दिया था। उससे मुक्त होकर अपनी आत्मा की पहचान की यात्रा का संकेत उनके सुझाव में निहित है। बुद्ध का कथन यहाँ सार्थक होता है, "अपने अन्दर झाँककर क्यों नहीं देखते हो?"

पांडुलिपियों का भीतरी जगत कई शताब्दियों की समयावधि में बिखरने को बाध्य हो गया था। लेकिन कवि का कथन है कि सुदीर्घ समयावधि की निम्नोन्नताओं को पांडुलिपियों के शब्दों ने समतल में परिवर्तित कर दिया है। पुरानी शब्द-सम्पदा नई शब्द-सम्पदा के साथ सार्थक संवाद में मग्न है—

आप पाएँगे वह शब्दों ने पीसकर
समय को बराबर कर दिया है
और अब वहाँ सारा समय एक जगह इस तरह है

कि आपको लगेगा जैसे ब्राह्मसूत्र
पढ़ रहा है मुक्तिबोध को
और शाकुन्तल का हिरण
कुछ कह रहा है पद्मावत के तोते से
और बीजक का कोई पद
किसी पोथी से छिटककर
मनु से बहस कर रहा है
और रासो की कोई सबसे पुरानी प्रति
धीरे-धीरे गुनगुना रही है
किसी युवा कवि की अप्रकाशित कविता

हैरान न हों आप
यही आपसदारी ज़िन्दा रखती है पांडुलिपियों को
खो जाने के बाद भी

इस कविता के माध्यम से कवि हमें चेता रहे हैं कि आपसदारी की संस्कृति, जो हमारे यहाँ सुरक्षित थी, और अब इन पांडुलिपियों को ज़िन्दा रखती है, आधुनिकतावाद के आरोपित स्मृतिभ्रंश के कारण हमने खो दी है। इस आरोपित स्मृतिभ्रंश के विकल्प के रूप में केदारनाथ सिंह पांडुलिपियों की मूल्यवत्ता को दर्ज कर रहे हैं। धूल के कॉपी राइट की बात उन्होंने जो कही है वह उसके बाहरी पुरानेपन को नहीं बल्कि उसकी मूल्यवत्ता को द्योतित कर रही है। एक मूल्यवान विरासत को हमारी अदूरदर्शिता की वजह से हमने खो दिया है। इस कारण से हमारा यथार्थ सारहीन हो गया जिसे सतही भी समझा गया। जबकि सच यह है कि परम्परा की हमारी अगाधता, जो रूढ़ियों के हस्तक्षेप से भटकी जरूर है, गलत सामाजिकी से अन्तर्विरोधों की गिरफ्त में आ गई है और अधिकार की अस्पृहणीय राजनीति से टूटी और बिखरी अवस्था में है, फिर भी अर्थवान और मूल्यवान है। उसने मनुष्य को आपसदारी का पाठ पढ़ाया और क्षमा का सबक पढ़ाया। 'इदं न मम' कोई सूत्र वाक्य थोड़े ही है। वह एक पाठ और पुनर्पाठ दोनों है। इस तरह हमारी विरासत जीवन सौन्दर्य की समृद्धि से युक्त है जिसके प्रतीक चिह्नों के रूप में अनेकानेक पांडुलिपियाँ इधर-उधर पड़ी हैं—

हालाँकि ध्यान से देखें
तो सारी पांडुलिपियों पर
कहीं-न-कहीं लगा होता है
धूल के कॉपीराइट का—
एक मज़बूत ठप्पा
जिसके विरोध में
कहीं सब छिपाए रखती हैं
किसी बेचैन हाथ की हल्की-सी गरमाहट
अपने पन्नों के भीतर के
किसी चोरपन्नों में

जीवन की गरमाहट से युक्त ये पांडुलिपियाँ आज पुनः खतरे का सामना कर रही हैं। विस्मृति के खतरे से कवि परिचित है। इसलिए वे उस हाथ की गरमाहट के बचाने की ताकीद देते हैं। एक सुदृढ़ परम्परा के दीर्घजीवी होने की यह कामना दरअसल जीवन-कामना ही है। कई तरह के खतरों के बीच दबी पड़ी दुनिया को वे अपनी परम्परा की उस आपसदारी से परिचित कराना चाहते हैं। एक सकारात्मक विरासत आरोपित स्मृतिभ्रंशों की वजह से कहीं विलीन न हो जाए, यही कवि की कामना है।

अगम्भीर समय में कविता को गम्भीर होना पड़ता है

स्मृतियों से कविता जन्म ले सकती है। कल्पना से भी। यथार्थ कविता का जन्म-गेह है। यदि ये तीनों एक हो जाएँ तो कविता का जन्मप्रदेश अतिविस्तृत हो सकता है। यह विस्तार की सामान्यता नहीं है। उसकी असामान्य विस्तृति निपट विस्तृति-भर नहीं है बल्कि वह अनेकानेक सच्चाइयों की गह्वरता भी है। समुद्र की तरह विस्तृत, तरंगायमान। उसकी गहनता आसानी से नापी नहीं जा सकती। दृश्यवत रूप विस्तृति का है और अदृश्यवत रूप गहनता और गह्वरता का है। यही एक सार्थक कविता का स्वरूप है।

केदारनाथ सिंह की दीर्घ कविता है 'मंच और मचान'। इस कविता के लिए उन्होंने लोक-स्मृतियों का भरपूर सहारा लिया है। उसका एक यथार्थ केन्द्रित परिपार्श्व है। कल्पना का सन्तुलित सन्निवेश भी। कविता का पूरा कलेवर लोक-संवेदना से सम्पृक्त और समृद्ध है। इसलिए उसके समय-साक्ष्य में गतिरोध का प्रतिरोध और गतिशीलता के कई निर्णायक निमिष भी सन्निविष्ट हैं। मंच केदारनाथ सिंह द्वारा परिकल्पित सत्ता-केन्द्रित दृष्टि का सशक्त प्रतीक है। कविता में यह प्रतीक उस तरह से स्वीकृत नहीं है जिस तरह से सामान्यतः कविता में प्रतीक को प्रयुक्त किया जाता है। मंच प्रतीक को कवि ने एक गतिशील बिम्ब में तब्दील कर दिया है। प्रतीक व्यवस्था कविता में अर्थ-ध्वनियों के पुंज के रूप में व्यवहृत है। एक सशक्त प्रतीक कविता के घनीभूत क्षणों को साक्षात्कृत करता है। लेकिन वही प्रतीक बिम्ब में परिवर्तित होता है तो कविता का वह घनीभूत क्षण विकसित होने लगता है। यह कविता का जैविक विकास भी है। केदारनाथ सिंह ने 'मंच' के प्रतीकीकृत बिम्ब को प्रत्यक्षीकृत नहीं किया है। लेकिन कविता में 'मंच' का सर्वत्र सान्निध्य है। वही मंच का सही स्वभाव है। 'मंच' के वर्चस्वी स्वभाव को कवि ने इस दीर्घ कविता की एक ही पंक्ति के माध्यम से व्यक्त किया है, "यह राष्ट्र के भव्यतम मंच का आदेश था।" मंच की प्रतीक-अवस्था इसमें व्यंजित होती है। समान्तरतः

उसकी बिम्बात्मकता दूरव्यापी अर्थ-संकेतों के साथ हमें झकझोरती है। झुलस देने योग्य 'मंच' का यह रूप हमें निरन्तर 'हांट' करता जा रहा है। हम जहाँ भी जाएँ वह हमारा पीछा करता है।

'मंच और मचान' में एक कथा चलती है। देवरिया के पास रामनगर में स्थित स्तूप पर बरगद का पेड़ एक उग आता है। यह बड़ा हो जाता है। उस पेड़ में एक मचान बनाकर एक चीनी बाबा रहने लगता है। वह एक चीनी भिक्खु है। आज उसकी स्मृति में स्तूप से हटकर एक छोटा सा भवन है। यह यथार्थ है। सम्भव है इसमें भी थोड़ी मात्रा में कल्पना सम्मिलित हो। कविता में जो कथा आगे चलती है, जैसे एक बार स्तूप को देखने प्रधानमंत्री नेहरू आए थे—

कहते हैं—प्रधानमंत्री आए
उन्होंने चारों ओर घूमकर देखा स्तूप को
फिर देखा बरगद को
जो खड़ा था स्तूप पर

कवि के अनुसार यह घटना लोक-स्मृति का हिस्सा है। इस घटना में यथार्थ का पुट किस हद तक है, देखने की जरूरत नहीं है। वे आए स्तूप देखने, बस—

पर न जाने क्यों
वे हो गए उदास
(और कहते हैं—नेहरू अकसर
उदास हो जाते थे)

नेहरू के सम्बन्ध में यह संकेत पूरी तरह से अतिशयोक्तिपरक नहीं है। वे एक पुराने स्तूप को देखने आए थे। वे इतिहास के अध्येता थे और रचनाकार भी। इसलिए स्तूप को नुकसान पहुँचानेवाले बरगद को देखकर उनका उदास होना सहज है। उसकी यथार्थता कविता में मुख्य नहीं है। पर कविता की कथा के लिए मुख्य है क्योंकि वे उसके बचाव के लिए बरगद को काटने का आदेश देते हैं। यह आदेश एक प्रधानमंत्री का है। वे सत्ता के प्रतिनिधि हैं। सत्ता फैसला करती है। यही कविता में अहम है—

फिर जाते-जाते एक अधिकारी को
पास बुलाया

कहा—देखो, उस विशाल बरगद को और गौर से देखो
उसके बोझ से टूटकर
गिर सकता है स्तूप
इसलिए हुक्म है कि देश हित में
काट डालो बरगद
और बचा लो स्तूप को

कविता में यही मुख्य है कि सत्ता के लिए जो ठीक है—यहाँ इतिहास का एक परिच्छेद-स्तूप—वही स्वीकार्य है। यह एक एकांगी दृष्टि है। वह व्यापक नहीं होती। इस कारण से वह हुक्म देती है। देश-हित वाली महनीय बात को उससे वह जोड़ देती है। देश बड़ा है। उसके लिए जो ठीक है वही ठीक है। इस तरह एक एकांकी दृष्टि थोप दी जाती है—'यह राष्ट्र के भव्यतम मंच का आदेश था।' इस प्रसंग में मंच का आदेश केन्द्र में है। कवि इसको केन्द्र में रखते हैं। कवि के लिए यह भी मुख्य है कि 'मंच' की यह एकांगी दृष्टि 'मचान' के विरुद्ध थी। कारण स्पष्ट है कि मंच ने मचान पर गौर ही नहीं किया था। उसके सामने स्तूप का ऐतिहासिक महत्त्व ही था। बरगद और उस पर बने 'मचान' मंच के सम्मुख आए ही नहीं हैं। आदेश का पालन किया जाना चाहिए था। प्रधानमंत्री के 'हुक्म' के पालन के लिए मजूर, बढ़ई, इंजीनियर और कारीगर सभी आ गए। उन्हें एक सच का सामना करना पड़ता है—

इधर अधिकारी परेशान
क्योंकि उन्हें पता था
खाली नहीं है बरगद
कि उस पर एक मचान है
और मचान भी खाली नहीं
क्योंकि उस पर रहता है एक आदमी
और खाली नहीं आदमी भी
क्योंकि वह जिन्दा है
और बोल सकता है

कविता के उपर्युक्त विवरण में स्तूप अप्रमुख हो जाता है और बरगद, उस पर बना मचान तथा उस मचान में रहनेवाला आदमी आदि मुख्य हो जाते हैं। कवि

ने यह भी जोड़ दिया है कि 'वह बोल सकता है', 'मंच' का अप्रमुख हो जाना कविता का अभीष्ट है। इतिहास के एक जड़ पदार्थ की तुलना में उस पर उग आए बरगद पर बसा हुआ जीवन और उसकी भाषा मुख्य है। वही मुख्य है कवि के लिए। बावजूद इसके दिल्ली का हुक़्म (यानी मंच का हुक़्म) आड़े आ जाता है।

एक तरफ मंच और दूसरी तरफ मचान। वह मचान खाली नहीं। उसमें एक बाबा रहता है। बाबा से अनुरोध किया जाता है कि वे नीचे उतर आएँ। बरगद को काटा जाना चाहिए। पहली बार मचान से एक सवाल गूँज उठता है—'क्यों?' यह विस्थापन के विरुद्ध उठी हुई प्रखर आवाज़ है। यह एक मनुष्य की आवाज़ है। इसलिए वह एक जिन्दादिल मनुष्य की प्रतिक्रिया है। उस आवाज़ को केदारनाथ सिंह इस तरह से प्रस्तुत करते हैं, "जैसे पत्तों से फूटकर जड़ों की आवाज़ आई;" वह सतह से उठते आदमी की आवाज़ है। इसलिए कवि को लगता है कि पत्तों की झनझनाहट की तरह प्रकट हुई यह आवाज़ पत्तों के बहुमत की नहीं बल्कि जड़ों की गह्वरता की है। सार्थक ध्वनियाँ गह्वरता से गूँजती हैं। इसलिए बरगद के काटने के विरुद्ध उठी चीनी बाबा की आवाज़ सचमुच प्रतिरोधी आवाज़ है। 'ऊपर' के आदेश के लिए 'नीचे' से जवाब मिलता है—

'तो शुनो'—भिक्खु अपनी चीनी गमकवाली
हिन्दी में बोला—
चाये काट डालो मुझी को
उतरूँगा नईं
में मेरा घर है।

अधिकारी वर्ग के लिए यह घोषणा समस्या बन जाती है। वे पसोपेश में हैं—यह पेड़ है या घर। जड़ और जीवन का द्वन्द्व कवि हमारे सामने प्रस्तुत कर रहे हैं। यह मसला मामूली नहीं है। कानून चुप है। यानी हमारी सामाजिक व्यवस्था ने, हमारी न्याय व्यवस्था ने और हमारी पूरी कार्यकारिणी व्यवस्था ने जड़ और जीवन के बारे में गम्भीरतापूर्वक विचार नहीं किया है। इसलिए इस मसले के बारे में सत्ता के केन्द्र से जब सलाह-मशविरा किया जाता है तो वहाँ पूरी तरह निस्पन्दता छाई हुई है। उसके लिए कौन सा स्तूप, कहाँ का स्तूप किस पर उगा हुआ बरगद। यह प्रतिक्रियाविहीनता जो उसके स्मृतिभ्रंश के अभिन्न अंग हैं क्योंकि जीवन का त्रसित रूप वहाँ कभी विचारणीय ही नहीं हुआ है।

और कहते हैं—
दिल्ली को कुछ भी याद ही नहीं था
न हुक्म
न बरगद
न दिन
न तारीख
कुछ भी कुछ भी याद ही नहीं था

जब 'मंच' को मसले का पता चला, चूँकि मचान का नागरिक चीनी है, तो बात बीजिंग तक पहुँच जाती है। कविता यहाँ अपनी अद्‌भुत कल्पना का बखूबी इस्तेमाल करती दिखाई देती हैं। लेकिन केदारनाथ सिंह मात्र सतही कल्पनाभिभूत कवि नहीं हैं। अपनी कल्पना के चमत्कार के बीचोंबीच वे यह कह सके हैं—

अब यह कितना सही है
कितना गलत
साक्ष्य नहीं कोई कि जाँच सकूँ उसे
पर मेरा मन कहता है—
काश, यह सच हो
कि उस दिन
विश्व में पहली बार दो राष्ट्रों ने
एक पेड़ के बारे में बातचीत की

मचान पुनः केन्द्र में आता है जिसे कवि ने बहुत ही सरल ढंग से प्रस्तुत किया है, "विश्व में पहली बार दो राष्ट्रों ने/एक पेड़ के बारे में बातचीत की" राष्ट्रों की बातचीत में एक पेड़ का आना सहज बात नहीं है। लेकिन यहाँ यह बात स्वीकृत हो जाती है। इससे क्या फायदा हुआ, यह मुख्य नहीं है। मुख्य है मचान, जो पेड़ के ऊपर बना था, लघुता का प्रतीक है और वह मंचासीन ताकतों का विषय नहीं है। परन्तु कविता में कवि ऐसी सूचना दे रहे हैं जो कि शतशः सकारात्मक है और जीवनधर्मी भी है।

हुआ वही जो होना था। चीनी बाबा को मचान से उतरना पड़ा। वह चिल्लाता रहा, "घर है...ये...ये मेरा घर है"। यह पीड़ादायक रोदन कवि अनसुना नहीं कर पा रहे हैं। कविता में बरगद के कटने का विस्तृत विवरण है जिसमें पेड़ पर

पड़नेवाली कुल्हाड़ी और अन्य हथियारों की तरह-तरह की आवाज़ों का भी वर्णन है जो सम्भवत: केदारनाथ सिंह ने जान-बूझकर प्रस्तुत किया है। उसमें बरगद की कटती हुई छाल की गन्ध है, उसमें कटने के विरोध में उठती आवाज़ है, हर एक ठक के नीचे से उठती चहचह की आवाज़। वह विवरण इस प्रकार है—

कितने पंख
कितने खोंते
दबते जा रहे थे हर ठक के नीचे
चलता रहा वह विकट संगीत
जाने कितनी देर तक

इस विवरण में जीवन्तता की समाप्ति के बहुविध संकेत ही हमें मिल रहे हैं। इसलिए जब पूरा बरगद गिर पड़ता है एक शब्द बाकी रह जाता है और वह है 'घर'—

सिर्फ 'घर'—वह शब्द
देर तक उसी तरह
टँगा रहा हवा में

यह शब्द उस चीनी बाबा की आत्मा से उठी चीख से जन्मा है। उसके प्रतिरोध को खत्म किया गया था। लेकिन जो प्रतिरोध उसने दर्ज किया था वह आखिरकार प्रतिरोध ही है। वह प्रतिरोध के लम्बे इतिहास की एक कड़ी है जिसे रद्द किया नहीं जा सकता। विस्थापन के विरुद्ध, मंच के विरुद्ध उठा यह स्वर हवा में टँगा ही रहता है।

केदारनाथ सिंह की यह कविता—'मंच और मचान'—एक साथ जनधर्मी और प्रतिपक्षधर्मी है। उसमें जीवन्तता कूट-कूटकर भरी है। कवि ने उसे व्यापक लोकानुभव से जोड़कर उसे स्थानीयता भी दी है और एक वैश्विकता भी। विस्थापन के विपक्ष में लिखित यह कविता अपनी स्थानीयता के कारण सौन्दर्य से पूरित है तो अपनी वैश्विकता में कालातीत प्रतीत होती है।

माँझी के पुल में माँझी कहाँ है?

उत्तर प्रदेश और बिहार की सीमा पर स्थित एक गाँव जहाँ घाघरा नदी पर रेलवे का एक पुराना पुल है। उसी पुल को लेकर केदारनाथ सिंह ने 'माँझी का पुल' शीर्षक कविता लिखी है।

पूरी कविता में पुल का किस्सा जादुई परिवेश में अंकित मिलता है। इस कविता को जादुई यथार्थ की अभिव्यक्ति के रूप में परिगणित किया जाना चाहिए। एक पुल सारे प्रदेश के लोगों के लिए अद्भुत किस्से के रूप में परिवर्तित होता है। हर कोई अपना एक किस्सा उससे जोड़ता है। इस तरह के आत्मीय जुड़ाव के कारण पुल की असंख्य किस्सोंवाली उपस्थिति कविता में बहुआयामी ढंग से प्रस्तुत है।

एक वास्तविक पुल कविता में कथात्मक ढंग से अंकित है। यह सिर्फ कविता की बनावट या बुनावट की विशेषता नहीं है। जिस प्रदेश से कवि ने पुल को जोड़ा है वह प्रदेश ही पुल के किस्सों के माध्यम से भरा पड़ा है। पुल को अलग करके प्रदेश विशेष का जीवन अकल्पनीय हो गया है। माँझी के पुल का किस्सा कविता में इस तरह से शुरू होता है—

मेरे गाँव से दिखाई पड़ता है
माँझी का पुल
मैंने पहली बार
स्कूल से लौटते हुए
उसकी लाल-लाल मेहराबें देखी थीं
यह सर्दियों के शुरू के दिन थे
जब पूरब के आसमान में
सारसों के झुंड की तरह डैने पसारे हुए
धीरे-धीरे उड़ता माँझी का पुल

कवि के बाल-सुलभ औत्सुक्य के साथ पुल जन्म लेता है और वह एक दृश्य तक सीमित नहीं रहता है। वह सारस के झुंड की तरह पंख पसारकर उड़ने लगता है। पुल का इस तरह पक्षियों के समान उड़ते हुए दिखना कल्पनाप्रवणता की अभिव्यक्ति मात्र नहीं है। कवि के बाल-मन के लिए एक जीवन्त उपस्थिति है। इसलिए उसके साथ कथाएँ एवं उपकथाएँ जुड़ती जाती हैं। सारस पक्षी की तरह पुल का उड़ना भी उसका एक किस्सा है। यहीं पर पुल का सामान्य यथार्थ जादुई यथार्थ में तब्दील होता है। इसलिए पुल जीवित भी हो उठता है।

पुल की निर्मिति के बारे में प्रदेश के लोग अनभिज्ञ हैं। किसने बनाया था माँझी का पुल, यह सवाल उन्हें परेशान करता है। यह अनभिज्ञता है और अनभिज्ञता से जुड़ती कथा भी है। अपनी-अपनी सुविधा के अनुसार सवाल का जवाब दिया जा रहा है। एक-एक जवाब कविता के कथा-भंडार को समृद्ध कर रहा है। यह स्वरचित किस्सा हो सकता है, प्रचारित किस्सा हो सकता है और अपनी लघुता को तजकर गुरूता प्राप्त होनेवाला भी हो सकता है। किस्सों के वैविध्य इस प्रकार हैं—

'तुम्हारे जन्म के पहले'—
कहती थी दादी
'जब दिन में रात हुई थी
उससे भी पहले'—
कहता है गाँव का चौकीदार

कविता में इस तरह के अनेक उदाहरण मिलते हैं—एक है, रेती पर पड़ा मिला था माँझी का पुल। बैलों के सींगों के बीच से दिख जाता है पुल। चरते-चरते थकी हुई भेड़ जब मुँह उठाकर देखती है तो पुल दिखता है। पुल के बनने, बनानेवाले, उसकी काल गणना आदि सन्दिग्ध अवस्था में है। इसी सन्दिग्ध अवस्था से पुल की जादुई अवस्था विकसित होती है। उसकी मेहराबों की तरह पुल के ऊपर किस्से जुड़ते जाते हैं। प्रत्येक जुड़ाव गाँव के सदस्य का आत्मीय जुड़ाव है; इसे जीवन का जुड़ाव भी कहा जा सकता है।

कविता की आगे की पंक्तियों में पुल की निर्मिति का विस्तृत संकेत मिलता है। यद्यपि पुल के पाए गिनती के बाहर हैं फिर भी प्रत्येक के पास अपनी-अपनी गिनतियाँ हैं जो पुल को चमत्कार के परिदृश्य तक ले जाती हैं। यही

नहीं पुल के बनने में और भी कइयों का योगदान है भले ही किसी के पास सही हिसाब नहीं है।

माँझी के पुल में कितने पाये हैं?
उन्नीस कहता है जगदीश
बीस—सनझू हज्जाम का खयाल है
कई बार यह संख्या तेईस या चौबीस तक चली जाती है
रात में कम हो जाती है?
क्या सुबह-सुबह बढ़ जाते हैं
माँझी के पुल के पाये?
माँझी के पुल में कितनी ईंटें हैं?
कितने अरब बालू के कण
कितने खच्चर
कितनी बैलगाड़ियाँ
कितनी आँखें
कितने हाथ चुन दिए गए हैं माँझी के पुल में
मेरी बस्ती के लोगों के पास
कोई हिसाब नहीं है

पुल के पाये सही ढंग से निर्धारित न सही, उसके लिए लाए गए माल और सामग्रियाँ भी निर्धारित नहीं हैं। फिर भी पुल गाँववालों के मन में पके हुए ज्वार के खेत की तरह लगता है। पुल से होकर आधी रात के वक्त जब-जब गाड़ी चलती है तो 'गहरी नींद' में भी मेरी बस्ती का हर आदमी हिलने लगता है।

केदारनाथ सिंह कविता के जादुई परिदृश्य से हटकर सवाल उठाते हैं कि पुल की वास्तविकता क्या है? यह सवाल ही इस कविता का मुख्य प्रसंग है। उनका सवाल यथार्थ की प्रतीति जरूर देता है। फिर भी इसमें जो जादुई संस्पर्श है वह पूरी तरह से छूटा नहीं है।

एक गहरी बेचैनी के बाद
मैंने कई बार सोचा है माँझी के पुल में
कहाँ है माँझी?

कहाँ है उसकी नाव
क्या तुम उसी जगह उँगली रख सकते हो
जहाँ एक पुल में छिपी रहती है नाव?

माँझी के पुल के अनगिनत किस्से गढ़ लिये गए हैं। कई मनगढ़न्त और कई कल्पनाप्रवण। ये एक कविता को रचनात्मकता को उत्कर्ष तक पहुँचाने में सहायक हैं। इसके बावजूद जो प्रश्न बचता है उस ओर कवि संकेत कर रहे हैं—'माँझी के पुल में कहाँ है माँझी?' उसी से जुड़ा हुआ एक और प्रश्न है—'कहाँ है उसकी नाव?' उसके बाद उन्होंने एक और प्रश्न उठाया है—'क्या तुम उसी जगह उँगली रख सकते हो, जहाँ एक पुल में छिपी रहती है नाव?' इन तीन प्रश्नों के कारण कविता में पुल का इतिहास अनावृत्त होने की गुंजाइश दिखाई देती है।

पुल के बनने के पहले नदी है। नदी के इस पार और उस पार के प्रदेशवासियों के बीच नदी है। उनके लिए नाव की जरूरत है और नाव ले चलनेवाला माँझी भी चाहिए। पुल के बनने से पूर्व जीवन की अबाध गति माँझी और उसकी नाव से चलती रही है। यह पुल की पूर्व कथा है। इस पूर्व कथा का प्रभाव गाँववालों के मन पर गहरे रूप से पड़ा है। नदी उनके लिए यथार्थ है तो नाव और माँझी भी उनके लिए यथार्थ हैं। गाँव के पारदर्शी जीवन में इन दोनों की प्रभावी भूमिका रही है। फिर उपनिवेशवाद के विकास ने पुल बनाया होगा। पुल से गाड़ियाँ चलने लगीं। यातायात की सुविधाएँ भी बढ़ीं। इस कारण से नदी, नाव और माँझी के पुल की दृश्यता ओझल हो गई। माँझी की महत्त्वपूर्ण भूमिका का स्मरण गाँववालों के लिए मूल्यवान थाती है। सम्भवतः इसलिए पुल का नाम 'माँझी का पुल' पड़ गया। माँझी और नदी की स्मृति एकदम ताज़ा है। पुल बन गया; लेकिन उसके बारे में गाँववालों की भिन्न-भिन्न प्रकार की अनभिज्ञताएँ उनके पारदर्शी जीवन के अनुकूल ही हैं। पुल के अनगिनत किस्सों के वे भागीदार हैं। परन्तु पुल की वास्तविकता से वे अनभिज्ञ ही रहे। उनकी स्मृति में नदी, नाव और माँझी जीवित हैं। वे पुल के बारे में नदी की ओर से सोचते हैं। अतः कवि लिखते हैं—

मछली अपनी भाषा में
क्या कहती है पुल को?
सूँस और घड़ियाल क्या सोचते हैं?
कछुओं को कैसा लगता है पुल

जब वे दोपहर बाद की रेती पर
अपनी पीठ फैलाकर
उसकी मेहराबें सेंकते हैं?

अपनी लोकजन्य आस्थाओं के रहते वे न नदी से अलग हो सकते हैं और न माँझी से। जिस तरह से ये जल-जीव पुल के बारे में सोचते होंगे उसी तरह गाँव वाले भी सोचते हैं। पुल उनके लिए यथार्थ है। नदी, नाव और माँझी उनके गहन यथार्थ के अविभाज्य हिस्से हैं। उन्हीं के साथ उनकी लोक-दृष्टि स्पन्दित रहती है। इसलिए पुनः कवि प्रश्न करता है—

मैं खुद पूछता हूँ
कौन बड़ा है
वह जो नदी पर खड़ा है माँझी का पुल
या वह जो टँगा है लोगों के अन्दर?

गाँववालों के हृदय के अन्तरंग में पुल टँगा हुआ है। पुल की उपयोगिता को वे यहीं तक सीमित रखते हैं। उनके लिए बड़ा है 'माँझी का पुल'; अर्थात माँझी द्वारा नदी को पार कराने के लिए प्रयोग में लाई गई नाव जो उनके लिए पुल है। जो वास्तविक पुल है वह अन्दर टँगा हुआ है। इस तथ्य पर ज़ोर देने के लिए केदारनाथ सिंह भाषा की जीवन्त प्रामाणिकता का उपयोग करके लिखते हैं—

क्या आप विश्वास करेंगे
मेरी बस्ती के लोग अकसर पूछते हैं
माँझी के पुल से कितनी दूर है
माँझी का पुल?

उपनिवेशवाद ने अपनी सुविधा के लिए सड़कें बनाईं, पुल बनाए, रेल गाड़ियाँ चालू कीं। बाहर-ही-बाहर नागरिकता के विकास के अभिलक्षण दिखाई देने लगे। विकास के बावजूद एक सवाल जवाब के अभाव में छटपटा रहा है और वह है कि इन सारी चीज़ों से सामान्य लोगों के लिए क्या फायदा हुआ? क्या उनकी ज़िन्दगी तरक्की पा सकी? विकासोन्मुखता की बाहरी चमक-दमक में जब हमारा मन रमने लगता है तो यथार्थ दृष्टिगत होता नहीं है। विकास की वास्तविकता पर जब हम उँगली रख पाते हैं तो उसकी अदूरदर्शिता ही नज़र आती

है। उपनिवेशवादी यथार्थ ने अपने लिए जो पुल बनाया उसका नाम भी गाँववालों के लिए माँझी का पुल है जिसमें उनके माँझी का स्मरण ताज़ा है। नदी उनका यथार्थ है। नाव ही उनका वास्तविक पुल है। कविता के अन्त में केदारनाथ सिंह का सवाल कई अर्थों से घिरा दीखता है—'माँझी के पुल से कितनी दूर है माँझी का पुल?' पहला वाला माँझी का पुल उपनिवेशवाद की देन है और दूसरा वाला माँझी का पुल गाँववालों के लोकजीवन से जुड़ा माँझी का पुल है, यानी उसकी नाव। दो तटों को आपस में मिलानेवाला पुल। दोनों तटों के बीच मनुष्य के समस्त प्रयत्नों के गवाह के रूप में जीवित और उनके लिए समर्पित माँझी। कवि वास्तव में उसी माँझी को ढूँढ़ रहे हैं। उनके बहाने गाँव के जीवन की पारदर्शिता को भी चिह्नित कर रहे हैं।

पारिस्थितिकी की पुनर्रचना

कविता में केदारनाथ सिंह की प्रमेय-स्वीकृति अद्‌भुत ही कही जा सकती है। कोई भी वस्तु उनके यहाँ कविता होने की गुंजाइश रखती है। उनका कवि-मन सब कहीं कविताएँ ही अन्वेषित कर रहा है। यह मुख्य नहीं है कि वह कितना मुख्य है, उपयोगी है या किस हद तक अप्रमुख व अनुपयोगी। उनकी एक चर्चित कविता है 'टूटा हुआ ट्रक'। यह एक ऐसी कविता है जिसमें एक अनुपयोगी यंत्र में धीरे-धीरे उल्लसित होती जीवन्तता के संकेत मिलते हैं। यह आसानी से अनुमान किया जा सकता है कि एक टूटे हुए ट्रक का स्वरूप क्या होगा। यह एकदम अनुपयोगी होता है। कविता के आरम्भ में इस ओर ही संकेत मिलते हैं—

मैं पिछली बरसात से उसे देख रहा हूँ
वह वहाँ उसी तरह खड़ा है
टूटा हुआ और हैरान
और अब उससे अँखुए फूट रहे हैं

लम्बे समय तक बेकार पड़ने से उसके चारों तरफ पौधे उगने लगे हैं। अब उससे अँखुए फूट रहे हैं। निर्बाध गति से उसका बढ़ना दिखाया गया है—

मैं देख रहा हूँ
एक छोटी सी लतर
स्टीयरिंग की ओर बढ़ी जा रही है।
एक जरा सी पत्ती
भोंपू के पास झुकी है
जैसे उसे बजाना चाहती हो
एक महीन और बेआवाज़-सी ठोंक-पीट

लगातार जारी है समूचे ट्रक में
कोई नट खोला जा रहा है,
कोई तार कसा जा रहा है
टूटा हुआ ट्रक
पूरी तरह सौंप दिया गया है
घास के हाथों
और घास परेशान है
पहिए बदलने के लिए

पौधों और लतरों से घिरे हुए टूटे हुए ट्रक का चित्र यहाँ पर दिखाया गया है। अब ट्रक इन वानस्पतिक यथार्थ की गिरफ्त में है। एक छोटी सी लतर स्टीयरिंग के ऊपर छाई हुई है यानी वह ट्रक को चलाने का बेसब्री से इन्तज़ार कर रहा है। एक पत्ती भोंपू के पास है जो शायद उसे बजा सकता है। वनस्पतियाँ ट्रक के अन्दर भी पहुँच चुकी हैं और वे कुछ ठोंक-पीट का काम कर रही हैं। कोई नट खोल रही है और कोई तार कस रही है। ट्रक कोई विरोध नहीं कर रहा है। उसने अपने को घास के हाथों सौंप दिया है। घास ट्रक के पहिए को बदलने के लिए आतुर है, केदारनाथ सिंह ने वास्तव में एक स्थिर चित्र को चलायमानता प्रदान की है। ट्रक स्थिर है। परन्तु वनस्पतियाँ चलायमान हैं। जड़ हो रहे इस ट्रक को, जिसकी अवस्था मृतावस्था से बेहतर नहीं है, वनस्पतियाँ जीवन्तता प्रदान कर रही हैं। इसलिए कविता में ट्रक की मरम्मत का दृश्य अवतरित किया गया है। वनस्पतियाँ मरमत के काम में व्यस्त हैं। उसके अन्दर कई प्रकार की ठोंक-पीट का काम चल रहा है। एक भी वनस्पति ऐसी नहीं है जो इस काम से अलग हो। सबकी दिलचस्पी समान है। घास ट्रक के पहिए बदलने में मशगूल है। दृश्यों की विरुद्धता कविता में प्राण फूँक रही है। स्थिरता अब दृश्यवत नहीं है; चलायमानता दृश्यवत है। ट्रक अब एक तरह से गायब-सा प्रतीत होता है और वनस्पतियाँ उस पर पूरी तरह से हावी हैं।

तकनीकी संस्कृति का प्रतीक ट्रक अब उपयोग शून्य हो गया है। जिस संस्कृति को, जिसकी उपयोगिता को जीवन का चरम लक्ष्य मानकर चलने की हमारी प्रयोजनवादी दृष्टि एक तरह से हमारे जीवन पर हावी रही थी। उसे परम लक्ष्य भी मान लिया गया था। हमारी उपयोगवादी संस्कृति ने उसे प्रोत्साहित भी किया था। इस तरह हम पूरी तरह से यंत्रों के अधीन हो गए थे। चेक भाषा के नाटककार

कारेल चापेक का चर्चित नाटक 'आर.यू.आर' इस सन्दर्भ में स्मरणीय है। मनुष्य को विस्थापित करने रोबोट्स से काम चलानेवाली कम्पनी है आर.यू.आर। नाटक के अन्त में सभी रोबोट्स कम्पनी के मालिकों पर आक्रमण करते हैं। यंत्र सभ्यता की अमानवीयता को दर्शानेवाला चापेक का यह नाटक विश्व की सभी भाषाओं में अनूदित है। यंत्र सभ्यता की यही सहज परिणति है। मनुष्य जहाँ विस्थापित होता है, यंत्र जहाँ हावी होता है वहाँ मूल्यों का विघटन शुरू होता है। मनुष्य जब नहीं है तो मूल्य विघटन की चर्चा भी बेमानी है। केदारनाथ सिंह ने यंत्र सभ्यता को एक छोटे से प्रतीक ट्रक को कविता के लिए स्वीकार किया है। वह एक टूटा हुआ ट्रक जो मरम्मत के योग्य भी नहीं है। इस संकेत के माध्यम से कवि यह सूचित करना चाहते हैं कि यंत्र सभ्यता का दौर पूरा हो चुका है। कविता में मनुष्य के स्थान पर उन्होंने वनस्पति को अवतरित किया है। वनस्पतियाँ यहाँ पर मानवीयता का पर्याय हैं। इस कारण से कविता में पारिस्थितिकी की पुनर्रचना सम्भव हुई है। कविता की यही विशेषता है कि पारिस्थितिकी को उन्होंने प्रकृति की सामान्यता में तब्दील नहीं किया है। कवि का लक्ष्य यंत्र सभ्यता पर पारिस्थितिकी के हावी होने के दृश्य को दिखाना है। जब यंत्र सभ्यता हावी थी तो उसने मनुष्य को रद्द किया था। अपनी पूरी अमानवीयता से उसने यंत्रेतर स्थितियों को खारिज किया था। उसके लिए एक सही विकल्प केदारनाथ सिंह इस कविता में प्रस्तुत कर रहे हैं। इसके लिए वानस्पतिक यथार्थ को जीवन-यथार्थ के रूप में परिवर्तित करके ट्रक के ऊपर छा जाने के दृश्य को दिखाया गया है। ट्रक की एक-एक चीज़ पर स्टीयरिंग, भोंपू, अन्दर के बहुविध संयत्र जिन पर ठोंक-पीट का काम हो रहा है, पहिए आदि पर वनस्पतियाँ बढ़ती जा रही हैं। पारिस्थितिकी यथार्थ के प्रसार के इस यथार्थ में यंत्र सभ्यता समाप्त सी दिखाई गई है।

अगले दृश्य में एक सुखद कामना का संकेत है। कामना यही है कि ट्रक ठीक हो जाएगा। दरअसल ट्रक को ठीक होने से उत्पन्न हर्ष यहाँ व्यक्त नहीं किया गया है। तथाकथित यंत्र सभ्यता के पुनरागमन का जिक्र इसमें बलवती नहीं है। इसमें बलवती है वनस्पतियों द्वारा पुनर्निर्मित ट्रक का नया रूप जिसे उपयोग में लाया जा सकता है। यंत्र को अधीनस्थ दिखाकर पारिस्थितिकी की प्रासंगिकता को रेखांकित किया गया है—

मेरे लिए यह सोचना कितना सुखद है
कि कल सुबह तक सब ठीक हो जाएगा

मैं उठूँगा
और अचानक सुनूँगा भोंपू की आवाज़
और घरघराता हुआ ट्रक चल देगा
तिनसुकिया या बोकाजान...

कामना यहाँ पर कामना की तरह विलीन हो जाती है। वनस्पतियों से घिरा हुआ ट्रक न आगे बढ़ सकता है न दौड़ सकता है। लेकिन वह दृश्य अत्यधिक सुन्दर है जिसमें जीवन की गतिशीलता को प्रतीकवत करती पारिस्थितिकी यंत्र सभ्यता को अपने अधीन में करके जीवन्त दिखाई दे रही है।

केदारनाथ सिंह उस दृश्य की महत्ता को पुनः रेखांकित कर रहे हैं। उनके वर्णन में पवित्रता का आभास है। वनस्पतियों की गिरफ्त में पड़ा ट्रक उनके लिए एक शुभ प्रतीक है। उसके माध्यम से कवि अपने अस्तित्व को सुनिश्चित कर पा रहे हैं—

मैं सोचता हूँ
अगर इस समय वो वहाँ न होता
तो मेरे लिए कितना मुश्किल था पहचानना
कि यह मेरा शहर है
और मेरे लोग
और वो-वो
मेरा घर

जिस बोलचाल के लहज़े में कविता के अन्तिम दृश्य को कवि ने अवतरित किया है उसमें जीवन की सामान्यता का, उसके लालित्य का अन्दाज़ हू-ब-हू हो रहा है। यंत्र सभ्यता की इस विनष्ट संस्कृति उनके लिए एक संकेत है जिससे वे अपने शहर को पहचान पा रहे हैं। वे अपने लोगों को पहचान रहे हैं और वे अपने घर को भी देख पा रहे हैं। उनका अस्तित्व भी पारदर्शी हो गया है। इसलिए वे सब को देख पा रहे हैं। पारिस्थितिकी की यह पारदर्शिता केदारनाथ सिंह की परवर्ती कविताओं में भी बखूबी देखी जा सकती है। इसलिए उनके द्वारा परिकल्पित जीवन-यथार्थ सुखद कामना की तरह प्रकट होता है।

'सृष्टि पर पहरा' कविता में भी हम ऐसा ही दृश्य देख रहे हैं। इस कविता में जीवन-यथार्थ के नेगटीव होने के बावजूद उसमें निहित ज़रा सी ऊर्जाशक्ति को

कवि ने बिम्बीकृत किया है। नेगटीव यथार्थ यह है कि वहाँ एक सूखा हुआ झरनाट का वृक्ष है। उसके शीर्ष पर हिल रहे हैं तीन-चार पत्ते।

कितना भव्य था
एक सूखते हुए वृक्ष की फुनगी पर
महज तीन-चार पत्तों का हिलना

उस विकट सुखाड़ में
सृष्टि पर पहरा दे रहे थे
तीन-चार पत्ते।

इस कविता में यंत्र सभ्यता का कोई प्रतीक चिह्नित नहीं है। लेकिन एक नकारात्मक प्रतीक चिह्नित है और वह है विकट सुखाड़ में सूखता वृक्ष। उसकी फुनगी पर हिलते तीन-चार पत्ते। उनका हिलना पूरी पारिस्थितिकी को पहरा देने जैसी एक सुखद गतिविधि है। पारिस्थितिकी सकारात्मक चिह्नों के ज़रिये जितनी शक्ति को पुनर्जागरित करती है, उसका विलुप्त होंना ही जीवन का नकारात्मक पक्ष है। अतः 'सृष्टि पर पहरा' शीर्षक कविता पारिस्थितिकी की समग्र चिह्न-व्यवस्था को द्योतित करनेवाली एक अद्‌भुत रचना है।

'टूटा हुआ ट्रक' पारिस्थितिकी की समग्र चिह्न-व्यवस्था के आगे उसकी पुनर्रचना पर केन्द्रित मनुष्यधर्मी कविता है। नेपथ्य में ट्रक पड़ा हुआ है, एक मामूली प्रतीक के रूप में। उसके आसपास की वनस्पतियों का विस्तार मानवीयता की अभिव्यक्ति को उसकी स्वतंत्र चेतना को व्यवस्थित रूप में आँकती नज़र आ रही है। केदारनाथ सिंह की यह कविता पारिस्थितिकी की पुनर्रचना है।

कलाकार की आत्मा की खोज

भिखारी ठाकुर प्रसिद्ध भोजपुरी कवि हैं। 'बिदेसिया' नामक लोकप्रिय 'नाच' के रचयिता भी हैं। गायक, अभिनेता, निर्देशक, लोक-कवि और लोक-संस्कृति के प्रवर्तक के रूप में वे ख्यातिनामा सर्जक कलाकार रहे हैं। उनकी अलग-अलग विशिष्ट भूमिकाएँ हैं जिनमें वे सदैव खरे उतरते थे। बिदेसिया उनका भोजपुरी बोली में लिखित नाटक है। इसकी विषयवस्तु स्त्री सशक्तीकरण है; साथ ही यह विस्थापन और गरीबी पर भी केन्द्रित है।

केदारनाथ सिंह की कविता 'भिखारी ठाकुर' इसी भोजपुरी कवि पर केन्द्रित है। भोजपुरी बोली, भोजपुरी प्रदेश, भोजपुरी संस्कृति के प्रति केदारनाथ सिंह के हृदय में अगाध आस्था है। वे हिन्दी को अपना देश और भोजपुरी को अपना घर समझते हैं। अपनी एक कविता में उन्होंने ऐसा सूचित भी किया है। इसलिए भोजपुरी कवि और नाटककार भिखारी ठाकुर के प्रति जो आकर्षण उनके मन में है उसे सहज ही कहा जा सकता है। लेकिन उनकी कविता भिखारी ठाकुर पढ़ते समय एक सच सामने आता है कि सामान्य आकर्षण के कारण उन्होंने यह कविता नहीं लिखी है। इस कविता की रचना के पीछे उनका एक बृहत्तर उद्देश्य है। भक्त-कवि कुम्भनदास पर कविता लिखते समय भी उनका ऐसा ही उद्देश्य स्पष्ट लक्षित होता है। कवि और राजसत्ता के द्वन्द्व को तथा कवि की स्वतंत्रता को उन्होंने प्रमुख माना है। अत: यह स्पष्ट है कि भिखारी ठाकुर पर केन्द्रित अपनी कविता में केदारनाथ सिंह ज़रूर बहुत सारी गहनताएँ ढूँढ़ रहे होंगे।

भिखारी ठाकुर एक समग्र कलाकार हैं। उनकी आत्मा कला के लिए समर्पित है। इसलिए उनकी नाच और अभिनय समर्पण की बेहतरीन अभिव्यक्तियाँ हैं। उनकी नाच के बारे में कवि लिखते हैं—

क्योंकि सिर्फ वे नाचते थे
और खेलते थे मंच पर वे सारे खेल

जिन्हें हवा खेलती है पानी से
या जीवन खेलता है
मृत्यु के साथ

हवा की पानी के साथ की अठखेलियों की तरह या फिर जीवन और मृत्यु की लुकाछिपी की तरह वे नाचते थे जिसकी न किसी से तुलना हो सकती है, न व्याख्या क्योंकि वह व्याख्यातीत है। उनके चेहरे पर झलकती भावाभिनय की झाँकियों की सामान्य व्याख्या असम्भव है।

इस तरह सरजू के कछार-सा
एक सपाट चेहरा
नाचते हुए बन जाता था
कभी घोर पियक्कड़
कभी घर की खामोशी
कभी घोड़े की हिनहिनाहट
कभी पृथ्वी का सबसे सुन्दर मूर्ख

एक-दूसरे से तुलना न कर सकनेवाली वैविध्यमय झाँकियाँ उनके मुख्यमंडल पर आती-जाती रहती हैं। एक अद्‌भुद कलाकार, नायक, अपने स्पेस के माध्यम से मंच का सृजन करता है। भिखारी ठाकुर की अभिनय-कला की यही खासियत है। एक समग्र कलाकार की आत्मा का अन्वेषण ही केदारनाथ सिंह इस कविता के बहाने कर रहे हैं।

प्रश्न यह है कि क्या यह कविता एक कलाकार (भिखारी ठाकुर) की अद्‌भुत क्षमताओं तक सीमित प्रशंसा भरी रचना मात्र है? ऐसा नहीं हो सकता। कविता के आगे की पंक्तियों में भिखारी ठाकुर की नाच के साथ एक अदृश्य परिदृश्य बीच-बीच में झाँकता नज़र आ रहा है। वह अदृश्य परिदृश्य स्वतंत्रता-संग्राम से जुड़े संघर्ष का है। कवि मनोरंजन के बीच इस संघर्ष को भी संकेतित कर रहे हैं। यह कलाकार अपने मुखौटे के खिलाफ इस एक सच की तरफ भी देख रहा है। कविता के इस प्रकरण में दो ऐसे संकेत वे दे रहे हैं—चम्पारन में गांधी जी का आना और लौट जाना तथा चौरी-चौरा कांड की यातनाएँ। संकेतों से केदारनाथ सिंह ने अपनी कविता के मंच को पुन:सृजित किया है। एक तरफ प्रेक्षकों का मन-बहलाव और दूसरी तरफ हमारे देश के संघर्ष करनेवाले लोगों का वृत्तान्त। वे मनोरंजन में

डूबने लायक नहीं हैं। स्वतंत्रता की आस्था से लड़ी जानेवाली लड़ाइयाँ **कहीं भी** अपना इतिहास रचती हैं।

असंख्य दर्शक भिखारी ठाकुर की नाच देख रहे हैं। यह आम जनता का जमाव है। वहाँ स्वतंत्रता की कामना के बीज बोए जा सकते हैं। इसलिए नाच में कोई दखल दिए बिना कविता में स्वतंत्रता-संग्राम के लिए केदारनाथ सिंह स्पेस दे रहे हैं और वे लिखते हैं—

पर क्या आप विश्वास करेंगे
कि एक रात जब किसी खलिहान में चल रहा था
भिखारी ठाकुर की नाच
तो दर्शकों की पाँत में
एक शख्स ऐसा भी बैठा था
जिसकी शक्ल बेहद मिलती थी—
महात्मा गांधी से

महात्मा गांधी की परोक्ष उपस्थिति कविता में अचानक हुई है। वह एक अप्रत्याशित उपस्थिति है। फिर भी लोगों के जमावड़े के बीच वे आए हुए हैं। प्रेक्षकों के साथ बैठकर देख रहे थे। चलचित्र की तरह यह संकेत कविता को एक नया मोड़ देता है। लेकिन जबरदस्ती से कवि उसे अपनी कविता में लाना भी नहीं चाहते हैं। गहरी 'आयरनी' का प्रयोग करके वे आगे लिखते हैं—

इस तरह एक साँझ से
दूसरी भोर तक
कभी किसी बाज़ार के मोड़ पर
कभी किसी उत्सव के बीच की
खाली जगह में
वह अजब बेचैन-सा चीख भरा नाच
जिसका आज़ादी की लड़ाई में
कोई ज़िक्र नहीं

अपनी नाच के दौरान किसानों की कई समस्याओं पर, जिनमें विस्थापन और गरीबी अकसर सिर उठाती हैं, कुशल कलाकार भिखारी ठाकुर 'स्पेस' देते

हैं। इसलिए कवि ने लिखा, "एक अजब बेचैन-सा चीख भरा नाच" है वह। परन्तु 'आयरनी' यह है देशज कलाओं ने देश के व्यापक हित के लिए जो संघर्ष किया है उसका कहीं जिक्र नहीं है। हमारे स्वतंत्रता-संग्राम के बृहद इतिहास की विसंगति यह है कि उसने प्रादेशिक एवं देशज गतिविधियों को अँधेरे में रखा। यह दरअसल हमारे देसी नेताओं की अदूरदर्शिता के कारण है। देश चाहे जितना बड़ा क्यों न हो, उसके कोने-कोने में स्वतंत्रता का संगीत उमड़ पड़ा था। भले ही देशज रागों में आलापित संगीत रहा हो फिर भी उसके महत्त्व को अनदेखा नहीं किया जा सकता। स्वतंत्रता को समाज के समग्र विकास के रूप में देखनेवाली कलात्मक अभिव्यक्तियाँ भी स्वतंत्रता-संग्राम का अविभाज्य हिस्सा हैं। स्वतंत्रता सिर्फ राजनीतिक स्वतंत्रता नहीं होती है। केदारनाथ सिंह एक और स्पष्ट संकेत कविता में दे रहे हैं कि इस तरह अलग-अलग प्रदेशों में छोटे-मोटे लोगों के माध्यम से, सामान्य स्तर पर होनेवाली कलात्मक अभिव्यक्तियाँ भले सत्याग्रह की ऊँचाई प्राप्त न कर सकी, बम-विस्फोट की चलायमानता दर्शा नहीं सकी, दूर-दराज के क्षेत्रों के लोगों पर प्रभाव डाल नहीं सकी, फिर भी वे स्वतंत्रता के समूहगान ही थे जिसको हमारे लोगों ने हाशिये पर रखा। जिन्हें जाना था वे जान गए थे। सुदूर गाँवों से उठती आवाज़ों में, यहाँ पर भिखारी ठाकुर की आवाज़, जो तालाब के जल की तरह हिलने लगती थी जिसमें उनकी बोली की सोई हुई सारी क्रियाएँ जाग उठती थीं। इसलिए अधिकार के प्रभुत्व ने उसे पहचान लिया था जबकि हमारे लोगों के लिए वह सिर्फ तालाब रहा।

केदारनाथ सिंह अपनी कविता के अन्त में उस अन्तर्विरोध को सूचित करते हैं जिसमें साधारण को अकसर असाधारण निगल ही लेता है। लघुता का सौन्दर्य निरन्तर हाशियीकृत होता है। इसीलिए तो यह सवाल उठता है कि बिदेसिया की लय क्या राष्ट्रगान की लय से टकरा सकती है? पुनः केदारनाथ सिंह वर्चस्ववादी दृष्टि में निहित अधिकार-भावना की तरफ इशारा कर रहे हैं। जो महत्त्वपूर्ण है वही मुख्य है और जो सामान्य है उसे बहस का विषय क्यों बनाया जाए? 'बिदेसिया' के महत्त्व को प्रदेश विशेष तक सीमित करके देखने की संकुचित दृष्टि का प्रतिरोध इस कविता की प्रमेय-सम्भावना के रोएँ-रेशे में विद्यमान है।

जीवन की सांगोपांगता

मलयालम के प्रसिद्ध कहानीकार टी. पद्मनाभन की एक बहुचर्चित कहानी है, 'कालभैरव'। कालभैरव के मिथक का प्रयोग करके यह कहानी लिखी गई है। लेकिन यह कहानी पश्चातापग्रस्त मन की अशान्ति का ब्यौरा प्रस्तुत कर रही है। अशान्ति से शान्ति की ओर की यात्रा के दौरान कहानी का केन्द्रीय पात्र काशी पहुँच जाता है। पूरी कहानी में काशी पात्र के रूप में उपस्थित है। वह सभी पात्रों के मन में तथा कहानी के पूरे वातावरण में कई भूमिकाओं में उपस्थित रहता है। 'कालभैरव' कहानी का एक प्रमुख वाक्य यही है कि हर किसी को अपने काशी की खोज करनी पड़ती है। एक काशी हर किसी के मन के बाहर है और एक काशी मन के अन्दर भी है। बाहर का काशी, जैसा है वैसा रहता है। मन का काशी एक गुफागेह की तरह निरन्तर अन्दर की ओर गोता लगाता हुआ प्रतीत होता। शब्दों से उसे परिभाषित नहीं किया जा सकता। शब्दातीत यथार्थ से आप्लावित एक नगरी अलग-अलग रूपों में किसी के अन्दर भाव वैविध्यों का समुद्र सृजित कर सकती है। टी. पद्मनाभन की कहानी में यथार्थ और अध्यात्म का समान रूप से संगुम्फन हुआ है।

केदारनाथ सिंह की कविता 'बनारस' कई दृष्टियों से महत्त्वपूर्ण रचना है। यह कविता एक तरह से बनारस का वृत्तचित्र प्रस्तुत कर रही है। यह एक ऐसा शहर है जिसकी अपनी प्राचीनता सर्वविदित है। प्राचीनता के दो पक्ष बनारस में देखे जा सकते हैं। पहला है रूढ़ियों से आबद्ध प्राचीनता और दूसरा है आत्मा की नवीनता पर बल देनेवाली प्राचीनता। यह दूसरी प्राचीनता भारतीय सामूहिक अवचेतन में पुनर्नवा की तरह विद्यमान है। उसका हर अंश भारतीय मानस को नवीकृत करता रहता है। केदारनाथ सिंह ने 'बनारस' में इन दोनों पक्षों को आत्मसात किया है जबकि उनका जोर परिवर्तित यथार्थ की तरफ अधिक है।

कविता के आरम्भ में ही परिवर्तन के संकेत दिए गए हैं। समय-समय पर, मध्यकाल से लेकर आज तक, कई प्रकार के जागरण के कार्यक्रम घटित हुए हैं। उनको बनारस की मानसिकता ने किस तरह अपना लिया, यह सोचने का विषय है। वसन्त का संकेत लेकर केदारनाथ सिंह ने जागरण को सूचित किया है। कविता में चिह्नित वसन्त जागरण का सशक्त संकेत बनकर आया है—

इस शहर में बसन्त
अचानक आता है
जब आता है तो मैंने देखा
लहरतारा या मडुवाडीह की तरफ से
उठता है धूल का बवंडर
और इस महान पुराने शहर की जीभ
किरकिराने लगती है।

बनारस जैसी 'महान पुरानी' नगरी में धूल का बवंडर आया है। यह जागरण का बवंडर है। कवि का इशारा कबीर (लहरतारा) और रैदास (मडुवाडीह) की तरफ है। ज्ञान के क्षेत्र में इन दोनों के द्वारा जो परिवर्तन हुआ वह एकदम असाधारण है। भक्ति की परिभाषा बदल गई। भक्ति और सामाजिकी की नई परिकल्पना सामने आई। मोक्ष का अर्थ बदल गया। मोक्ष की नगरी काशी पर इन दो महानुभावों द्वारा प्रवर्तित बवंडर ने भारत के इतिहास को भी परिवर्तित किया था। बनारस ने इसका अनुभव पहले-पहल किया था। जागरण की इस तूफान को बनारस ने स्वीकार किया। उसकी कई प्रकार की प्राचीनताओं के बावजूद, जो वहाँ काई की तरह जमी है, जागरण के तूफान को स्वीकार करने के बाद बनारस में परिवर्तन के लक्षण दिखने लगते हैं। उन परिवर्तनों को केदारनाथ सिंह ने सामान्य दृश्यों की अन्तरंगता में दर्शित परिवर्तन के रूप में व्यक्त किया है। दशाश्वमेध घाट, उसकी सीढ़ियाँ, वहाँ दिखते बन्दर और भिखारी आदि के माध्यम से कवि ने बहुत ही सहजता के साथ इसका संकेत किया है। प्रश्न उठ सकता है कि क्या जागरण का तूफान इन कुछ सतही चीज़ों पर ही प्रभाव डालता है? क्या ये ही बनारस के लक्षण हैं? इसका सरल जवाब यही है कि सरलता स्वीकृत अपरिवर्तनीय वस्तुओं पर भी जागरण के कारण परिवर्तन लक्षित हो सकते हैं। उनकी अपरिवर्तनीयता साधारण सी बात नहीं है। शिला सम स्थिर रहते ये दृश्य

परिवर्तित होते हुए दिखाना कवि का लक्ष्य है। कविता में इसे संकेत समझना पर्याप्त होगा—

जो है वह सुगबुगाता है
जो नहीं है वह फेंकने लगता है पचखियाँ
आदमी दशाश्वमेध पर जाता है
और पाता है घाट का आखिरी पत्थर
कुछ और मुलायम हो गया है
सीढ़ियों पर बैठे बन्दरों की आँखों में
एक अजीब-सी नमी है
और एक अजब-सी चमक से भर उठा है
भिखारियों के कटोरों का बासीपन
तुमने कभी देखा है
खाली कटोरों में वसन्त का उतरना!

केदारनाथ सिंह की काव्य-भाषा यहाँ अत्यधिक सूक्ष्म हो गई है। सार्थक काव्य-भाषा दरअसल भाषा के भीतर संगुम्फित भाषा है न कि उसकी बाह्यता पर दिखती भाषा की सामान्यता। 'क्या तुमने देखा है/खाली कटोरों में वसन्त का उतरना।' ज्ञान प्रकाश के इस बसन्त का उतरना ऋतुभेद का सूचक न होकर संवेदनात्मक ज्ञान से सम्बन्धित है। इसलिए सामान्य जीवन में भी उसका असर देखा जा सकता है। यह एक आन्तरिक विस्फोट है जिससे घाट की सीढ़ियों में भी नमी आ गई है। स्थावरजंगम वस्तुओं में यह बदलाव जीवन के सूक्ष्मतम पक्षों पर जागरण को सूचित करता है। पहले-पहल तो उसे पूरी तरह से आजमाने के लिए बनारस तैयार नहीं है। इसलिए बवंडर की धूल लोगों की जीभों में किरकिराने लगती है।

बनारस की धीमी गति का उल्लेख केदारनाथ सिंह ने क्यों प्रस्तुत किया है? तात्पर्य यही है कि धीमी गति उसकी रूढ़िबद्धता से सम्बन्धित है या फिर उसकी अपरिवर्तनीयता से परिचालित। यह शहर अपने पुराने संस्कारों में ऊँघ रहा है। उसकी आँखे हैं, जो पूरी तरह से खुलती नहीं हैं। अतः चीज़ों को वे ठीक तरह से देख भी नहीं पाती हैं। कवि का कहना है—

इस शहर में धूल
धीरे-धीरे उड़ती है

धीरे-धीरे चलते हैं लोग
धीरे-धीरे बजते हैं घंटे
शाम धीरे-धीरे होती है।

शहर की सामूहिक लय में सब कुछ धीरे-धीरे घटित होते हैं। इसी लय ने समूचे शहर को दृढ़ता से बाँधकर रखा है। यह जकड़बन्दी उसके स्वभाव का अविभाज्य घटक है। प्राचीनता की ये रूढ़ियाँ—किसी का न हिलना, जो चीज़ जहाँ वहीं होना आदि—जस की तस हैं—

कि पानी वहीं है
कि नदी पर बँधी है नाव
कि कहीं पर रखी है तुलसीदास की खड़ाऊँ
सैकड़ों बरसों से

बनारस के जीवन और उसके संस्कार की स्थिरता (जड़ता) की तरफ कवि इसलिए इशारा करते हैं क्योंकि समय-समय पर घटित ज्ञान के विस्फोट के बावजूद, जागरण की ज्योति के बावजूद व्यापक जीवन-फलक जिन सामन्ती रूढ़ियों में जकड़ता रहा वह अपरिवर्तनीय रहा है। जीवन की यह जड़ता अनिवार्य रूप से तोड़ी जा सकती है। जड़ता की निर्जीवता और जड़ता की अनिवार्य रूप से गतिशीलता में परिवर्तित होने की ओर भी केदारनाथ सिंह संकेत देते हैं। कवि के इस संकेत में प्रयुक्त बिम्बों पर ध्यान देना आवश्यक है। प्राचीनता एवं नवीनता के ये बिम्ब शहर की बनावट को ही नहीं बल्कि शहरी जीवन की बुनावट की ओर भी संकेत कर रहे हैं—

बिना किसी सूचना के
घुस जाओ शहर में
कभी आरती के आलोक को
इसे अचनक देखो
अद्भुत है इसकी बनावट
यह आधा जल में है
आधा धूल में है
आधा शव में
आधा नींद में है

आधा मंत्र में
अगर ध्यान से देखो
तो यह आधा है
और आधा नहीं है

बनारस, कवि के अनुसार, आधा जल में है—यहाँ जल की तटस्थता गतिशीलता को सूचित करती है। आधा उसका मंत्र में है—अतीत में खोया हुआ-सा है, स्थिर में बद्ध। गंगा की तरंगायमान स्थिति और उसके पार की मगहर की हवा उसे गतिशील रखती है। पर उसकी मंत्रमुग्धता जीवन की चलायमानता से दूर होती जा रही है। आधा फूलने में है, यानी खिलने में आस्थावान है तो आधा शव में यानी मृतावस्था में। आधा नींद में है यानी सुप्तावस्था में और आधा शंख में यानी ध्वनि की गुंजायमानता में। इन विरुद्धोक्तियों को कवि इस तरह समाप्त करते हैं कि 'यह आधा है' और 'वह आधा नहीं' है। उसकी सत्तात्मक स्थिति की यह असलियत है। उसी तरह वे उसकी सत्तात्मकता के एक और पक्ष को सामने ला रहे हैं। इस शहर के कई स्तम्भ हैं। आग के स्तम्भ हैं, पानी के, धुएँ के तथा खुशबू के स्तम्भ हैं। एक और स्तम्भ का उल्लेख कवि ने किया है—'आदमी के उठे हुए हाथों का स्तम्भ' और यह किसी अलक्षित सूर्य को/देता हुआ अर्घ्य' दिखाई देता है। यहाँ सूर्य लक्षित नहीं है। वह अलक्षित है। फिर भी यह शहर अपनी प्राचीनता को नवीकृत आशय के साथ अलक्षित सूर्य को अर्घ्य निवेदित करता है। और यह शहर—

शताब्दियों से इस तरह
गंगा के जल में
अपनी एक टाँग पर खड़ा है यह शहर
अपनी दूसरी टाँग से
बिलकुल बेखबर

यह शहर अपनी तपपूत साधना में लीन है। वह एक टाँग के बल पर खड़ा है। यह एक टाँग जाग्रत अवस्था का प्रतीक है। अनेक दिशाओं से अपने को बिखेरकर वह नई रोशनी को स्वीकार कर रहा है। लेकिन वह अपनी दूसरी टाँग से बेखबर है। वह उपयोगशून्य है। कविता का यह प्रतीक एक गतिशील बिम्ब में परिवर्तित होता है। पूर्णता की खोज में वह ध्यानरत है। उसके भीतर नई गतिशील संस्कृतियों का स्पन्दन उसे जीवन्त रखता है।

केदारनाथ सिंह की 'बनारस' शीर्षक कविता जीवन की सांगोपांगता को लक्षित करती है। उसमें मुखरता और चुप्पियों की अद्‌भुत मिलावट देखने को मिलती है। कवि का मन बनारस के प्रति आकृष्ट है। परन्तु वे मोहाविष्ट भी नहीं हैं। इन्हीं दो स्थितियों के कारण कविता में द्वन्द्व की अवस्था अपनी उत्तुंगता में परिलक्षित होती है। इसे जीवन के द्वन्द्व के रूप में हम अनुभव कर सकते हैं। नवीकृत होने के लिए अतीव तत्पर सुसंस्कृति इस शहर को वलयित कर रही है और उसकी जर्जरता की जड़ें उसे पीछे की ओर खींच रही हैं। ये दोनों पक्ष जीवन-यथार्थ के भी हो सकते हैं। यह सभ्यता की संघर्षमयता है। आकर्षण और विकर्षण के बीच बनारस अपनी सहस्त्रों आरतियों के दीप्तिमय प्रोज्ज्वलन से युक्त है तथा वह अपनी संकीर्ण अवस्था में भी है। काशी की लास्यता एवं आलस्यता समग्र जीवन के अविभाज्य घटक ही हैं।

अशान्त मन की शान्ति-मुद्रा

'फर्क नहीं पड़ता' शीर्षक कविता केदारनाथ सिंह के 'ज़मीन पक रही है' संकलन की रचना है। प्रथम संकलन 'अभी बिलकुल अभी' के बीस साल बाद यह संकलन प्रकाशित होता है। उनकी कविता इस समय तक आते-आते परिपक्वता अर्जित करती है। नई कविता के पूरे दौर से उनकी कविता गुज़र चुकी है। हिन्दी के कुछ कवि नई कविता के प्रमुख कवियों के रूप में स्थापित होने के बावजूद पश्चिमी आधुनिकतावाद से मुक्त होकर नए समय की छटपटाहट से सम्पृक्त होते दिखते हैं जिनमें मुख्य हैं मुक्तिबोध, रघुवीर सहाय, विजयदेव नारायण साही, सर्वेश्वरदयाल सक्सेना और केदारनाथ सिंह। मुक्तिबोध का देहान्त सन 1964 में हुआ फिर भी उनकी कविताएँ आगे के समय को समग्रता में और गहराई में अभिव्यक्त करने में सक्षम थीं। सन 1975-1980 तक आते-आते भारत ही नहीं पूरे विश्व का परिदृश्य बदलता दिखाई देता है। वैश्वीकरण का आरम्भ हो चुका था। उसके पहले भारतीय कविता, स्वतंत्रता-प्राप्ति के बाद के मूल्य विघटन से गुज़र रही थी। हिन्दी कविता को भी स्वतंत्रता-प्राप्ति के पश्चात उत्पन्न मोहभंग ने ग्रस लिया था। अस्तित्ववादी दर्शन का प्रभाव भी कई कविताओं में देखा-अनुभव किया जा सकता है। कथा-साहित्य में इस दर्शन का प्रभाव गहरा है जबकि कविता में इसका आंशिक प्रभाव देखने को मिलता है। अवसाद, मायूसी, निस्पन्द तटस्थता, लक्ष्यहीनता और एक अपरिभाषेय भयावहता कविताओं में देखने को मिलती है। इसे व्यक्ति-दर्शन के तहत देखने की जरूरत नहीं है। इन भाव-भंगिमाओं को सामाजिकी के तहत देखना उचित प्रतीत होता है क्योंकि स्वतंत्रता-प्राप्ति के बाद का मोहभंग एक सामूहिक भाव है। उसने व्यक्ति को अवश्य अवसाद के गर्त में धकेल दिया है। साथ-ही-साथ इस भाव ने समाज की गतिशीलता को पूरी तरह से तिरोहित कर दिया है। लक्ष्य और मार्ग के वैरुद्ध्य ने इसको गहन बना दिया है। अतः यह कहना अधिक समीचीन लगता है कि स्वातंत्र्योत्तर समय के मोहभंग के दौर में जीवन के स्थायित्व की परिकल्पना

धूल-धूसरित हो गई। लक्ष्योन्मुखता भटकन के लिए मज़बूर हो गई। जीवन की तमाम गतिशीलताएँ अवसाद की गिरफ्त में कुंठित दीखने लगीं। अगम्भीरता का वातावरण छाया हुआ था।

केदारनाथ सिंह की कविता 'फ़र्क़ नहीं पड़ता' को इसी व्यापक परिप्रेक्ष्य में देखना अनिवार्य है। कविता के आरम्भ में ही कवि ने सामान्य जीवन में व्याप्त लक्ष्यहीनता की गहराई को जानने-पहचानने का प्रयास किया है। वह एक प्रकार की परिणामहीनता भी है जिसने युवा-मानसिकता को ग्रसित किया था। इसे जीवन की निस्पन्दता भी कही जा सकती है। ऐसी अवस्था समाज की अवरुद्धता को ही दर्शा रही है। कमलेश्वर ने अपनी कहानी 'खोई हुई दिशाएँ' में इस अवस्था को दिखाया है। उसे एक महानगर के परिवेश में उन्होंने शब्दबद्ध किया है। उस महानगर में लम्बी-चौड़ी सड़कें हैं पर वे कहीं नहीं पहुँचाती हैं। इस प्रतीक-कथन में सामान्य व्यक्ति की अपरिचितता या अजनबीपन के ही संकेत नहीं मिल रहे हैं बल्कि नागरिक-बोध में व्याप्त अमानवीयता भी दर्ज है। सामाजिक लक्ष्यहीनता की यह उत्कर्ष-अवस्था है। केदारनाथ सिंह की इस कविता में भी सामाजिक लक्ष्यहीनता की उत्कर्ष-अवस्था मिलती है। इसलिए कवि लिखते हैं—

हर बार लौटकर
जब अन्दर प्रवेश करता हूँ
मेरा घर चौंककर कहता है 'बधाई'
ईश्वर
यह कैसा चमत्कार है
मैं कहीं भी जाऊँ
फिर लौट आता हूँ

सहज सी एक प्रक्रिया जो प्रत्येक व्यक्ति के जीवन में सामान्य ढंग से घटित होती है उसी को कवि ने अतिरंजित करके असहज प्रक्रिया में परिवर्तित करके प्रस्तुत किया है। प्रश्न यह है कि यह अतिरंजना क्यों? वह इसलिए कि सहज प्रक्रिया की अर्थहीनता को दर्शाने के लिए कवि ने ऐसा किया है। सहज सी प्रक्रिया है कि जब बाहर जाया जाता है तो फिर अन्दर प्रवेश करना ही है। यहाँ तक यह प्रक्रिया सामान्य है। लेकिन कवि ने उसमें अतिरंजना का रंग चढ़ाकर यों प्रस्तुत किया है कि जब लौटकर अन्दर प्रवेश करता है तो उसका घर ही उसे

बधाइयाँ देता है। तुम लौट आ गए! बधाइयाँ! आगे इसी 'रिपीटेटीव मोनोटनी' को कवि ने यों प्रस्तुत किया कि यह कैसा चमत्कार है कि वह कहीं भी जाता है तो फिर लौटकर आता है। अज्ञेय की कहानी 'रोज़' के कथन के अनुसार 'रोज़ ऐसा होता है', 'रोज़ ऐसा होता है'। कोई परिवर्तन नहीं। उसी प्रकार कविता में भी यही होते दिखाया गया है।

जाता और फिर आता; आता फिर जाता। कहीं भी कोई परिवर्तन नहीं है। यह वस्तुतः परिवर्तनहीनता का सामान्य रूप है जिसे अगम्भीर दृष्टि से देखें तो सहज ही मान लिया जा सकता है। लेकिन सजगता के तहत यह अपरिवर्तनीयता के कई अर्थ निकल आ सकते हैं। उसका सामाजिक अर्थ इतना गम्भीर है कि हमारे स्वातंत्र्योत्तर समाज में कुछ भी नया घटित नहीं हो रहा है। सब कहीं रटी हुई चीजें सुनाई देती हैं। पुरानी बातों की बार-बार आवृत्तियाँ ही हैं। उसका राजनीतिक अर्थ अत्यन्त गम्भीर है। स्वतंत्रता-प्राप्ति हमारे लिए महज एक घटना नहीं रही। एक बड़े देश की बहुसंख्यक लोगों की आकांक्षाएँ उससे जुड़ी थीं। अधिकार का हस्तान्तरण जरूर हुआ। परन्तु अधिकार के वर्चस्व में वही अदूरदर्शिताएँ देखने को मिलने लगीं। बाह्यतः सामन्तीय वातावरण टूटता नज़र आया। असल में वह मज़बूत होता गया। धन केन्द्रित संस्कृति भी बलिष्ठ होती गई। असमानताएँ बढ़ती गईं। उसका सांस्कृतिक अर्थ भी गम्भीर है। यहाँ दरअसल एक वास्तविक सांस्कृतिक आन्दोलन (कल्चरल रेवल्यूशन) घटित होना था जो हुआ नहीं। बुनियादी चीज़ों में कोई परिवर्तन लक्षित हुआ ही नहीं। यह अपरिवर्तनीयता हमारी मायूसी को दोगुना-चौगुना कर रही है। जब कुछ भी परिवर्तित नहीं होता है तो आवृत्तियाँ ही नज़र आती हैं। परिणामस्वरूप बाह्यतः सब सरल प्रतीत होने लगते हैं। क्या यह सचमुच सुखद है? नहीं यह सुखद नहीं; बल्कि यह दुखद है, इसमें क्या कुछ दिखाई नहीं दे रहा है—

सड़कों पर परिचय-पत्र माँगा नहीं जाता
न शीरो में सबूत की जरूरत होती है
और कितनी सुविधा है कि हम घर में हों
या ट्रेन में
हर जिज्ञासा एक रेलवे टाइम टेबुल से
शान्त हो जाती है

केदारनाथ सिंह की इन उपर्युक्त पंक्तियों का सांस्कृतिक पाठ अनिवार्य है। हमारा आदान-प्रदान और हमारी गतिविधियाँ इतनी सरल हैं कि कहीं कोई कठिनाई नहीं दिखती। न हमें परिचय-पत्र की जरूरत है न कोई सबूत की। हम घर में रहें या ट्रेन में सफर करें हमारी जिज्ञासाएँ रेलवे-टाइम टेबुल की तरह अविलम्ब शान्त होती हैं। हमें एक गाड़ी का नाम चाहिए। हमें उसके रवाना होने का समय मालूम होना चाहिए। हमें अपनी सीट के आरक्षण के बारे में जानना है। बस हो गया। यदि ये सब ठीक-ठाक हैं तो हम शान्त हो जाते हैं। हमारे नागरिक-बोध (सिविक सेन्स) की सुविधावादी दृष्टि दरअसल हमारी परिवर्तनहीनता को ही नहीं बल्कि हमारी प्रतिक्रियाविहीनता को ही दिखा रही है। इस प्रतिक्रियाविहीनता ने हमें पड़ोसी को ईर्ष्यालु के रूप में पहचानने की क्षमता दी है। हमें आत्ममुग्धता का पाठ पढ़ाया है। यह हमारी यांत्रिक दृष्टि का प्रतिफल है। जीवन की यांत्रिकता हमें कुछ प्रदान नहीं कर रही है। अधिकतर वह हमें नारसिसस में परिवर्तित कर सकती है। केदारनाथ सिंह ने अपनी एक परवर्ती कविता में सज्जनता से उन्हें डर लगने की बात कही है। सज्जनता यांत्रिकता से जन्म लेती है। दूसरे को 'नरक' मानने की प्रवृत्ति ताकतवर हो जाती है। अतः परिवर्तनहीनता, प्रतिक्रियाविहीनता, आरोपित सज्जनता, मानवीयता से वंचित नागरिक-बोध आदि एक ही सिक्के के अलग-अलग रूप हैं। यहीं पर कवि की यह दृष्टि सारगर्भित कविता में तब्दील हो जाती है—

पर सच तो यह है कि यहाँ
या कहीं भी फर्क नहीं पड़ता
तुमने जहाँ भी लिखा है 'प्यार'
वहाँ लिख दो 'सड़क'
फ़र्क़ नहीं पड़ता
मेरे युग का मुहाविरा है
फ़र्क़ नहीं पड़ता

प्यार जैसे एक भावुक शब्द के स्थान पर, प्यार जैसे एक मूल्यवान दृष्टि के स्थान पर, कवि का कहना है कि 'सड़क' लिखो, कोई फर्क नहीं पड़ता। सड़क एक जड़ शब्द है। 'प्यार' जबकि जीवन्त शब्द है। केदारनाथ सिंह ने इन दो शब्दों के माध्यम से, जिनमें कोई मेल नहीं है, वस्तुतः हमारी परिवर्तनहीनता

और प्रतिक्रियाविहीनता को ही दिखाया है। इन विरुद्ध शब्दों से हमारे भावों में निहित जड़ता को ही वे दिखा रहे हैं। हमने स्वप्न देखे; उम्मीदें बाँधीं और बहुत सारे स्वप्न-महल खड़ा किए। अन्ततः वे स्वप्न महल ही सिद्ध हुए। उसका यथार्थ सपनों की तरह अविलम्ब ओझल हो गया। यथार्थ का इस तरह ओझल होना क्या हमारे नागरिक-बोध के अनुकूल विकसित कोई गतिशील दृष्टि है? कतई नहीं। समाज की इस निर्जीव स्थिति में मूल्यों का क्या महत्त्व है? मूल्यों का महत्त्व तब है जब मनुष्य को मनुष्य की तरह जीने, स्वतंत्रत महसूस करने तथा अपने को अभिव्यक्त करने का अवसर मिले। स्वतंत्र देश में यही पारदर्शिता का मापदंड है। उसके स्थान पर मनुष्य को कई स्तरों पर विभाजित करके मवेशियों में तब्दील करना मूल्य-दृष्टि का कोई मानक तत्त्व नहीं है। ऐसे में भावविह्वल शब्दों की क्या महत्ता है? प्यार को जाति, धर्म और धन के तराजू में तौलनेवाले समाज में प्यार की जगह सड़क भी लिखा जा सकता है। किसको क्या फर्क पड़ेगा। प्यार में जब ऊष्मलता ही नहीं रहती तो वह निस्पन्द शब्द की तरह सिकुड़ जाता है। यह सिकुड़न केदारनाथ सिंह के अनुसार हमारी संस्कृति के पतन को ही दर्शा रहा है। यह हमारे रोज़मर्रा जीवन का हिस्सा हो गया है। इसलिए किसी भी शब्द के साथ कोई भी शब्द रखा जा सकता है। हमने शब्दों के कुपाठ को आत्मसात किया है और उसी का निरन्तर विकास हो रहा है।

आगे कवि का कहना है भाषा आत्मा की अभिव्यक्ति है। हमारी जिह्वा उसे शब्दों में बाँधकर प्रस्तुत कर रही है। यह एक आवयविक प्रक्रिया मात्र नहीं है। हमारे समय की सबसे बड़ी विडम्बना है कि हम अपनी भाषा से वंचित हो चुके हैं। इसलिए कि वह आत्मा से उपजती ही नहीं है—

और भाषा जो मैं बोलना चाहता हूँ
मेरी जिह्वा पर नहीं
बल्कि दाँतों के बीच की जगहों में
सटी हुई है।

अपनी भाषा से वंचित, अभिव्यक्तियों से वंचित समाज के हम सदस्य होते जा रहे हैं। एक निर्लिप्त दृष्टि ने हमारी भाव-भंगिमाओं को निर्मूल्य कर दिया है। पर हम इससे न आतंकित हैं न शोकग्रस्त हैं। हमारे लिए कई प्रकार के हादसे

एक जैसे ही हैं। इनसान और हैवान के बीच फर्क न करने की हमारी निर्लिप्तता क्या हमारे अन्दर की मृतावस्था को द्योतित नहीं कर रही है? बाहर-ही-बाहर शान और शौकत की जिन्दगी जीनेवाले इनसान के अन्दर आज के समय में क्या हैवान का वास नहीं है? कई-कई उदाहरण हमारे समय से लिये जा सकते हैं। राजतंत्र के नाम पर, जनतंत्र के नाम पर, अन्तरदेशीयता के नाम पर हम अकसर अपनी हैवानियत को ही दिखा रहे हैं। अकसर हम अपनी एक तेज़धार सींग छुपाकर रखते हैं। समयानुसार हैवानियत की इस सींग का 'सदुपयोग' हम करते हैं। इसलिए कवि का कहना है—

मैं बहस तो शुरू करूँ
पर चीज़ें एक ऐसे दौर से गुज़र रही हैं
कि सामने की मेज़ को
सीधे मेज़ कहना
उसे वहाँ से उठाकर
अज्ञात अपराधियों के बीच में रख देना है।

कवि के अनुसार कोई भी चीज़ अपनी अर्थ गरिमा से युक्त नहीं है। हर चीज़ का एक छिपा हुआ अर्थ है। हर गतिविधि का एक अलग अर्थ है। सच कभी भी झूठ में तब्दील हो सकता है और झूठ सच में। बहुत ही सरल सा पदार्थ जहर में बदल सकता है। इसलिए मेज़ को मेज़ नहीं कहा जा सकता। उसे मेज़ कहना उसे उठाकर किन्हीं अपराधियों के बीच में रख देना है। बाहर का कोई भी बदलाव जब तक अन्दर का बदलाव नहीं होता तब संस्कृति का पतन ही सम्भाव्य है।

अपनी इस कविता में केदारनाथ सिंह ने भले ही साधारण एवं सहज ढंग से बात कही है फिर भी उनकी अशान्ति की गहराई का पता लग ही जाता है। उनकी सामाजिकी और उनका नागरिक-बोध अशान्ति से गुज़र रहे हैं। इसलिए उनकी शान्ति मुद्रा प्रलय के पहले की शान्ति जैसी एक अवस्था मात्र है। उनकी शान्ति मुद्रा स्थायी नहीं है। वह अस्थायी है। केदारनाथ सिंह ने इस कविता में जो अशान्ति व्यक्त की है वह हमारे समय से सम्बद्ध है। यहाँ पर उनकी कविता व्यापक क्षितिज का स्पर्श करती दिखाई देती है।

कविता में डायोजिनस का पुनर्जन्म

क्रिस हेरमन ने अपनी पुस्तक 'जनता का विश्व इतिहास' (A People's History of the World) के आरम्भ में ब्रेख्त की एक कविता को उद्धृत किया है—'तीब्स के सात द्वार किसके द्वारा निर्मित है; पुस्तकों में आप पढ़ेंगे राजा-महाराजाओं के नाम, लेकिन क्या उन्होंने माटी और पत्थर ढोया था...' विश्व का निर्माण वास्तव में किसने किया था? ब्रेख्त के इस सवाल का जवाब ढूँढ़ रहे हैं, क्रिस हेरमन। जनता का मतलब शासक नहीं; यानी राजा-महाराजा नहीं। जनता गहन अर्थ को द्योतित करनेवाला शब्द है। उस एक शब्द में हमारी वास्तविकता का इतिहास सम्पृक्त है। जनता शब्द के साथ यदि हम सहयात्री या सहजीवी शब्द को जोड़ दें तो वह गलत नहीं हो सकता है। सार्थक सामाजिकी से जनता शब्द उद्भूत होता है। इसे जितना व्यापक बनाया जा सकता है उतना ही वह सार्थक सिद्ध हो सकता है। उसमें मनुष्य एवं मनुष्येतर जगत का स्वतः समावेश हो जाता है। इस दृष्टि-सम्पन्नता में 'अपने' और 'दूसरे' के बीच कोई विभाजक रेखा नहीं है। 'अपना' दूसरा भी है और 'दूसरा' 'अपना' भी। मलयालम के वरिष्ठ कवि अक्कित्तम ने, जो ज्ञानपीठ पुरस्कार से विभूषित हैं, अपने 'बीसवीं शताब्दी का इतिहास' शीर्षक काव्य में 'दूसरे' को बीज शब्द के रूप में स्वीकार किया है। पश्चिमी वैचारिकी में जिस 'दूसरे' को 'नरक' माना गया था उसके विपरीत अक्कित्तम ने 'दूसरे' को अपनी कवि-दृष्टि के केन्द्र में रखा है। उनका कहना है कि 'जब एक अश्रुकण 'दूसरों' के लिए बहाता हूँ तो मेरी आत्मा में हजारों सौरमंडल उदित होते हैं।' 'जब एक मुस्कान 'दूसरों' के लिए बिखेरता हूँ तो नित नव पूर्णिमा मुस्कुरा उठती है।' मनुष्य द्वारा सृजित इस्पाती पर्दे को यहाँ पर कवि तोड़ देते हैं। यही कविता की खोज है। कविता वास्तव में यथार्थ को खोजती है जो अति गहन एवं विस्तृत है। उक्त यथार्थ का अपना इतिहास भी है। कविता उस इतिहास से होकर अपनी अनवरत यात्रा तय करती है।

केदारनाथ सिंह की कविताओं में लोक एक सशक्त अनुभव है। इसलिए उनकी

इच्छित दृष्टि सदैव लोक की सहजता का परिरम्भण करती दीखती है। 'दरवाज़े खुले रखो' केदारनाथ सिंह की कविता है। इस कविता में एक मामूली सा वक्तव्य पूरी चारुता के साथ कविता में परिणत होता है। यहाँ पर जीवन का खुलापन सन्दर्भित है। वह वक्तव्यनुमा प्रस्ताव है। उसी वक्तव्य के साथ वे उम्मीद को जोड़ देते हैं। उनका कहना है—

दरवाज़ों का खुला होना
खुद एक उम्मीद है
जो थामे रखता है नींव को
मैंने ईंटों से सीखा है
घर का व्याकरण
हालाँकि घर का हिसाब
आज तक समझ में नहीं आया

यहाँ खुलापन सहज जीवन-दृष्टि को स्थित्यंकित करता है। बन्द होते जाने की संकुचितता के विपरीत खुलते जाने के नैरन्तर्य की स्वीकृति का यह प्रतीक है। भले ही घर के व्याकरण, यानी उसकी तथ्यात्मक वस्तुपरकता से अनभिज्ञ है, फिर भी उम्मीद के सहज-साध्य सौन्दर्य से कवि परिचित हैं। खुलेपन का सौन्दर्य, जो उम्मीद से वलयित है, मानवीयता के सौन्दर्य से घुलमिल जाता है। विषयान्तर न सही, गांधी जी ने अपनी आस्थाजन्य दृष्टि के सन्दर्भ में यही कहा था कि मैंने अपने घर के समस्त वातायनों को खुला रखा है। घर का यह खुलापन गांधी जी के लिए उम्मीद-भर नहीं है। वे उसे समष्टि-सत्य के रूप में स्वीकार कर रहे हैं। केदारनाथ सिंह की कविता में यह संस्कृतिबोध के सन्दर्भ में उल्लेखित है। ऐसे में घर और दरवाज़े विशिष्ट अर्थ प्राप्त कर लेते हैं। संस्कृति का पूरा इतिहास परोक्षत: यहाँ पुनर्विश्लेषित होता दिखाई देता है। हमारी संस्कृति के इतिहास में खुलापन अविचारित तथ्य रहा है। गलियारों के अँधेरे में गिरफ्त, दीवारों की भाषा से भयभीत, कूटनीति की दूरदर्शिता से अलंकृत तथा हर 'दूसरे' को हनन के योग्य समझने की घिनौनी संस्कृति में खुलापन वर्जित रहा तो आश्चर्य की क्या बात है? इसलिए इस संस्कृति-पाठ के विरुद्ध केदारनाथ सिंह अपना मनुष्य सापेक्ष संस्कृति-पाठ रच रहे हैं। उम्मीद की अनिश्चयता के रहते वे लिखते हैं 'जो थामे रखता है नींव को'। यहाँ अनिश्चयता खत्म और दृढ़तर वैकल्पिकता सौन्दर्यबद्ध हो जाती है।

खुलापन केदारनाथ सिंह के लिए लोक की सहजता और लघुता का आनन्दलोक है। लघुता के इस सौन्दर्य को कवि ने भिन्न-भिन्न कविताओं में बहुवर्णी ढंग से उजागर किया है। उनकी एक अन्य कविता है, 'उद्दाम संगीत'। संगीत के तेज दीप्त प्रवाह को, उसकी उद्दाम वेगमयता को प्रकृति के मामूली नुस्खों में उन्होंने ढूँढ़ा है। इसलिए यह कविता बीथोवन की सिम्फनी की तरह भावों के महान उद्वेलन की तरह अनुभव प्रदान कर रही है। इसमें लघुता का सौन्दर्य धीरे-धीरे महानता में परिणत होने लगता है—

कौए भी उड़ते हुए
सुन्दर लगते हैं
राख में भी छिपी रहती है
एक जिद्दी आग
मक्खी में भी होती है
एक उद्दाम लालसा
अगर बैठी हो थूक पर
सुबह के काँव-काँव में भी
मैंने सुना है जीवन का
उद्दाम संगीत

जीवन का यह उद्दाम संगीत अनसुना रह गया था। प्रसिद्ध चित्रकार निकॉलस रोरिच ने हिमालय के कई चित्र बनाए थे। हिमाच्छादित पर्वत शिखरों के ऊपर आसमान का नीला रंग रोरिच के चित्रों में चमत्कारी वैभव के साथ हमारे लिए दृष्टिगोचर हो जाता है। रंगों का यह उल्लास अव्याख्येय है। उसी तरह लघुता का महानता में परिणत होने की प्रक्रिया नए अनुभव के रूप में कवि अवतरित करते हैं। जीवन, संगीत, सौन्दर्य, प्रवाहमयता, उद्वेलन आदि का तथा अनुभवजन्य विस्तार कविता को गहन बना देता है।

'दरवाज़ा खुले रखो' कविता भी इसी तरह एक नया सौन्दर्य-बोध सृजित कर रही है, जिसको सदियों से अनदेखा कर दिया गया था, जिसको हाशिये से भी उखाड़कर अलग कर दिया गया था और जिसको रोशनी से पूरी तरह से वंचित कर दिया था। उसमें केदारनाथ सिंह का कवि जीवन की उद्दामता का अनुभव करते हैं। लघुत्व में जीवन-रस ढूँढ़ने की उनकी यह प्रवृत्ति क्लासिक अन्दाज़ से

युक्त है क्योंकि यह प्रथमतः आरोपित नहीं है। अपनी अकृत्रिम जीवनीशक्ति की अन्तःप्रेरणा के कारण उनकी यह कविता समकालीन यथार्थ का एक नया पाठ भी रचती है। समकालीन यथार्थ का विकराल रूप जब हिंसक होता जा रहा है तो उसके विपक्ष में केदारनाथ सिंह सामान्य सच्चाइयों से एक अहिंसक मनुष्य सापेक्ष इतिवृत्त सृजित कर रहे हैं—

मैंने किसुन कोइरी से सीखा
कुदाल का अर्थ
मँगनी कुम्हार से
माटी का सौन्दर्य समझा
मेरे बहुत से गुरु हैं
असंख्य उस्ताद
मैं हर पक्षी का शागिर्द हूँ
हर वृक्ष का छात्र हूँ
पहली किताब मैंने पुस्तक-विक्रेता से
नहीं
पेड़ से खरीदी थी
पत्तों के बजने से
मैंने सीखा था छन्द
नफरत के विरुद्ध मैंने पहला पाठ
एक मक्खी से जाना था
जीने की उद्दाम लालसा
मैंने पाई उसी से
मैंने बहुत कुछ सीखा

लोकज्ञान का यह विस्तार दरअसल जीवन का ही विस्तार है जो कवि-मानस के खुलेपन के कारण निरन्तर विस्तृत होता जा रहा है। यही लोकनीति का कारक तत्त्व है। लेकिन हमारी समाज-नीति में तथा हमारी राजनीति में इसको स्वीकार्यता मिली नहीं है। केदारनाथ सिंह की एक विशेष पंक्ति—'नफरत के विरुद्ध मैंने पहला पाठ/एक मक्खी से जाना था'—विचारणीय है। सहभागिकता की सामाजिकी का पाठ मक्खियों की जीवनचर्या में सुलभ है। इस लोकानुभव को रेखांकित करके

कवि सूचित रहे हैं कि नफरत और कत्लेआम का माहौल सर्वसुलभ होता जा रहा है। असहिष्णुता की राजनीति और समाजनीति इस समकालीन दौर में भी कैसे बर्दाश्त की जा रही है। ब्रेख्त के सवाल यहाँ सार्थक होते हैं तीब्स के सात द्वार बनाए किसने? द्वार निर्माण की तथ्यपरक वस्तुपरकता से आगे बढ़कर खुलेपन की संस्कृति की तरफ भी यह सवाल हमें ले चल रहा है। खुलेपन की संस्कृति से निष्पन्न लोकनीति ने कवि को जीवनानुभव के नए-नए पाठ उपलब्ध कराए थे। आधुनिकता की महानता की जगह समकालीनता की लघुता के सौन्दर्य के पाठ भी कवि को प्राप्त हो गया था। इसमें हम सौन्दर्य का महोच्चार सुन पाते हैं। यह मनुष्यता का भी महोच्चार है। मुक्तिबोध ने सौन्दर्यानुभूति और मानवीयता की पारस्परिकता पर विचार करते हुए लिखा है, "संक्षेप में सौन्दर्यानुभूति की अधिकतमता और बारम्बारता जिस व्यक्ति में अधिक होगी वह अधिक मनुष्य होगा। यह सौन्दर्यानुभूति मानव-सम्बन्धों पर प्रभाव डालती है, वास्तविक जीवन पर प्रभाव डालती है, उसे नई सार्थकता प्रदान करती है। अतएव सौन्दर्यानुभूति वास्तविक जीवन की मनुष्यता है। अपने से परे उठने और परे जाने की मनुष्य-क्षमता से उसका पूरा और सीधा सम्बन्ध है।" (समीक्षा की समस्याएँ, पृ. 42) मुक्तिबोध के लिए कविता सौन्दर्य की खोज है, अर्थात मनुष्यता की खोज है। इसलिए सृजनात्मकता को उन्होंने संस्कृति पर अनिवार्य रूप से होनेवाले हस्तक्षेप के रूप में देखा था। वास्तविक जीवन की मनुष्य सापेक्षता को लोक रस में डूबोकर जब केदारनाथ सिंह अवतरित करते हैं तो उनका फकीरी अन्दाज़ विवृत होता ही है। दरअसल वे मनुष्य को ही ढूँढ़ रहे हैं। डायोजिनस नामक यवन दार्शनिक के बारे में एक कहानी प्रचलित है। मध्याह्न की कड़ी धूप में वे एक मशाल लेकर एथेन्स की गलियों से होकर गुज़र रहे थे। वे कुछ ढूँढ़ भी रहे थे। लोगों ने समझा कि यह तो पागलपन की हद है। कुछ लोगों ने डायोजिनस से सवाल किया कि वे क्या ढूँढ़ रहे हैं? उन्होंने फकीरी सरलता से जवाब दिया था कि क्या कहीं मैं एक मनुष्य को ढूँढ़ पाऊँगा? जॉर्ज सन्तायना ने सही कहा था कि सत्कर्म के लिए किए जानेवाला पागलपन ही तो विवेक है।

केदारनाथ सिंह की कविता 'दरवाज़े खुले रखो' जीवन-विवेक को सौन्दर्य-दीप्ति के साथ प्रस्तुत करने का प्रयास कर रही है। अपठित रह गए इतिहास का वे पुनर्पाठ कर रहे हैं। यह कविता अन्ततः भारतीयता का भी पुनर्पाठ प्रस्तुत कर रही है। जो है की जगह जो होने का विकल्प प्रस्तुत करनेवाली यह कविता हमारी संस्कृति के पुनर्लेखन पर विशेष ज़ोर दे रही है।

कविता की समकालीन परिभाषा

सेंट अगस्टीन ने ईश्वरीय अनुभूतियों के सम्बन्ध में कहा था, "मैं जानता हूँ कि वह क्या है; लेकिन मैं स्पष्ट नहीं कर पा रहा हूँ कि वह कैसा है।" यह अस्पष्टता उक्त अनुभूति की दुरूहता के कारण नहीं बल्कि उसकी विराटता और अभौमता के कारण है। सन 1922 में कुमारन आशान ने एक कविता लिखी जिसका शीर्षक था, 'काव्यकला अथवा सातवाँ इन्द्रिय।' इसके रचनाकाल तक कुमारन आशान के सभी महत्त्वपूर्ण काव्य प्रकाशित हो चुके थे। सिर्फ 'करुणा' नामक उनका काव्य बाद में प्रकाशित हुआ था। इसका मतलब यही है कि काव्यकला के सम्बन्ध में उनकी धारणा सुदृढ़ हो चुकी थी। इसके बावजूद उन्होंने लिखा—

कोई तुम्हारी रूपयष्टि से परिचित नहीं
अर्घ्य एवं माला पहनानेवाले तुम्हारे पूजक
तुम्हारी महिमा का जो करते हैं स्मरण
वे रोमांचित हो उठते हैं निरन्तर

काव्यानुभूति अन्ततः सौन्दर्यानुभूति ही है। उसकी सरल परिभाषा सम्भव नहीं है। उसको परिभाषित करने के लिए मनुष्य को एक सातवें इन्द्रिय की आवश्यकता है। काव्य-कला की अभौमता एवं उसकी गहनता को आसानी से मापा नहीं जा सकता। यही आशान की काव्य-कला सम्बन्धी धारणा है।

समय-समय पर कविता सम्बन्धी नई-नई मान्यताएँ मिलती रही हैं। लेकिन उसके सौन्दर्य पक्ष को लेकर ज़्यादा मतभेद नहीं है। सौन्दर्य के निष्पादन के अभाव में कविता का पूर्ण होना असम्भव है। फिर रही सौन्दर्य की धारणा की बात। सौन्दर्य वास्तव में एकांगी धारणा नहीं। किसी एक सूक्ष्म तत्त्व पर निर्भर रहकर वह संकुचित नहीं होती है। जीवन विवेक की विकस्वरता के साथ-साथ सौन्दर्य-दृष्टि का अनिवार्य विकास होता है। तात्पर्य यही है कि सौन्दर्य-दृष्टि जड़ दृष्टि नहीं है।

जीवन की जीवन्तता को यानी जीवन की गतिशीलता को ही हम संस्कृति कहते हैं। यह अवश्य है कि कुछ स्थायी मूल्य जीवन-मूल्य के अमूल्य अंग हैं। लेकिन वह भी परिवर्तनोन्मुखी है। इस तरह सौन्दर्य-दृष्टि हमारी बदलती सामाजिकी और बदलती संस्कृति-विवेचना की सारभूत निचोड़ है। सारांशत: कविता में सौन्दर्य-दृष्टि उसकी आत्मा की तरह मूल्यवान दृष्टि-सम्पन्नता ही है।

कविता के सम्बन्ध में यानी कविता के अन्तरंग को लेकर कइयों की कविताएँ तथा विचार-सम्पदाएँ उपलब्ध हैं। गुजराती के प्रसिद्ध कवि रमेश पारिख ने अपनी अंग्रेज़ी कविता 'ह्वाट हैज़ पोयट्री टु डू' (कविता क्या करती है?) में कवि और कविता की भूमिका को इन शब्दों में व्यक्त किया है :

क्या करती है कविता?
कविता ठिठुरन भरी रात में आग का ताप होती है
पेड़ तक पहुँचकर गरमी में मीठी छाया बन जाती है कविता
वर्षा में पानी की बूँदों को धार-धार बरसने को कहती है कविता
कविता की भूमिकाएँ होती हैं अनेक
टूटे काँच के टुकड़े जोड़ने के लिए गोंद
भूखे के लिए अन्न
उनींदी आँखों के लिए नींद
सिपाही के घावों के लिए पट्टी बन जाती है कविता
हाँ सचमुच
कविता मनाती है उत्सव बच्चे की तोतली बोली का
चुम्बन के लिए बेचैन बन जाती है मधुमक्खी
दुधमुँहे बच्चे के लिए दूध बनकर माँ के स्तन में उतर जाती है कविता
आत्महत्या के लिए जानेवाले के पाँवों की जंजीर बन जाती है
कविता पहुँच जाती है वहाँ जहाँ देवताओं की भी नहीं होती पैठ
सच है यह सारा कुछ
लेकिन सबसे बड़ी बात तो यह कि
जब सारा गाँव डूब जाता है गहरी नींद में
*तब यह जगाती है कवि को**

---

* 'साखी' के केदारनाथ सिंह विशेषांक में प्रकाशित अवधेश कुमार सिंह (केदार जी की कविता में कवि और काव्य-सत्य) के लेख की पादटिप्पणी में दी गई सामग्री से।

इस तरह के कई उदाहरण विभिन्न भाषाओं की कविताओं से लिये जा सकते हैं। मुक्तिबोध ने लिखा था कि "कविता में कहने की आदत नहीं/पर कह दूँ/वर्तमान समाज चल नहीं सकता।" इसमें कविता का स्वभाव स्पष्ट होता है; सीधा कथन कविता का अभीष्ट नहीं। मुखरता उसका स्वभाव नहीं है। पर सामाजिकी की विडम्बनाजन्य स्थिति में कविता में कहना पड़ रहा है कि इस तरह वर्तमान समाज सही ढंग से अपने गन्तव्य तक नहीं पहुँच सकता।

केदारनाथ सिंह की 'कविता' शीर्षक कविता दरअसल समकालीनता की परिभाषा है। समकालीनता मनुष्य सापेक्ष संस्कृति-दृष्टि है। बाह्यतः हमें प्रतीत हो सकता है कि आज के समय में समकालीन समय में—कविता की कोई भूमिका नहीं है। द्रुत गति से बढ़ती जिन्दगी की सम्भवतः प्राथमिकताएँ एकदम बदल गई हैं। उनमें कविता के लिए जगह कम ही हो सकती है। लेकिन समय के अन्तर्विरोधों के प्रतिरोध में जो-जो रचनात्मक कदम उठाए जा रहे हैं उनमें सबसे ज़्यादा दृढ़ पदचिह्न कविता का है। साहित्येतिहास एवं संस्कृति-इतिहास इसके गवाह हैं। केदारनाथ सिंह की 'कविता' शीर्षक यह रचना कविता की इस अद्‌भुत क्षमता से सम्बन्धित है। इसलिए कवि लिखते हैं—

और वह आज भी ज़िन्दा है
मृत्यु की सारी घोषणाओं के बाद
लोग अब भी उसे सुनते हैं

कविता की मृत्यु, फिर कविता की वापसी जैसी बेबुनियाद बहस के विपरीत ध्रुव पर केदारनाथ सिंह की ये पंक्तियाँ खड़ी हैं। 'लोग अब भी उसे सुनते हैं'—यह पंक्ति एक उम्मीद-भर नहीं है। वह कवि की घोषणा है। कविता का तादात्म्य वे लोगों के साथ मानते हैं। कविता की सार्थकता उसी में है। इसलिए वे आगे लिखते हैं—

जब बोलते हों लोग
तो कभी सुनता रुककर
उनके शब्दों के बीच की फाँक में
कई बार सहसा कौंध जाती है वह
पता लगा लो—जो मारे जाते हैं जंगलों में

उन युवा होंठों पर
अकसर होती है कोई-न-कोई कविता

यह निरी पक्षधरता की बात नहीं है। लोगों के शब्दों की फाँक में और जंगलों में मारे जानेवाले युवकों के होंठों पर कविता के होने की बात जब कवि प्रस्तुत करते हैं तो उसमें पक्षधरता ही व्यक्त नहीं हो रही है। दरअसल कविता के प्रति उनकी वास्तविक पक्षधरता यहाँ व्यक्त होती है। यह एक समकालीन संस्कृति-चिन्तन है। इसे कविता का अन्तरंग पक्ष मानना चाहिए। एक कविता में केदारनाथ सिंह ने लिखा कि उन्हें सज्जनता से डर है। सज्जनता जिसे हम जीवन का श्रेय मानते हैं उससे भयभीत होने की बात वस्तुतः कवि की सबसे बड़ी 'आयरनी' है। उन्हें न रात का डर है, न साँप का। डरता है तो सज्जनता से। ऐसी पंक्तियों के माध्यम से अवास्तविक सज्जनता की प्रदर्शनपरकता की ओर वे इशारा कर रहे हैं। हम सोचने के लिए बाध्य होते हैं कि कवि की तर्जनी क्यों उठ रही है। संजीव की 'अपराध' (1980) शीर्षक कहानी का स्मरण होना इस सन्दर्भ में स्वाभाविक है। उक्त कहानी में प्रखर प्रगतिशील विचार रखनेवाले एक भाई-बहन को प्रशासन नक्सली का ठप्पा लगाकर उन्हें काली कोठरी में बन्द रखता है। उन पर होनेवाले अत्याचारों का कहानी में स्पष्ट खुलासा है। मनुष्य का इस हद तक हैवान बनना, जिसे कहानी में उच्चतम अनुशासनप्रियता का उदाहरण मान लिया गया है, सहज स्वीकृति कैसे मिल पा रही है। यहाँ केदारनाथ सिंह उन्हीं लोगों की तरफ संकेत दे रहे हैं जो सिर्फ अपनी प्रखर सामाजिक दृष्टि के कारण मारे जा रहे हैं। जंगलों में इस तरह मारे जानेवाले लोगों की न गिनती है न सही आँकड़ा। उसे 'एनकाउंटर' मान लिया जाता है जिसमें कोई भी मर सकता है, मारा जा सकता है। केदारनाथ सिंह अपनी कविता की उपस्थिति ऐसे युवकों के होंठों पर देखते हैं। अपने को दूसरों के लिए उन्होंने समर्पित किया है। सज्जनता अपने में सीमित होने में नहीं है। दूसरों के लिए प्राण तजने में है। सम्भवतः इस कारण से केदारनाथ सिंह की पंक्ति 'आयरनी' से अलग होकर प्रतिरोध की आग में भभकती दीखती है—'पता लगा लो—जो मारे जाते हैं जंगलों में/उन युवा होंठों पर/अकसर होती है कोई-न-कोई कविता' इनमें कवि की निस्संग तटस्थता नहीं बल्कि पक्षधरता, जो सतही नहीं है, व्यक्त होती है।

केदारनाथ सिंह की ऐसी अनेक कविताएँ हैं जिनमें उनके 'लोग' पंक्तिबद्ध दिखाई देते हैं। उनकी कविताओं में ये 'लोग' स्वतः आ जाते हैं। उनका जीवन

निष्कवच होकर हमारे सामने प्रस्तुत होता है। कवि के अनुसार कविता उन्हीं से शुरू होती है और उन्हीं के माध्यम से विकसित होती है। इस सन्दर्भ में एक और कविता का उल्लेख उचित लगता है। कविता है, 'एक ठेठ किसान का सुख'। इस किसान को हम चाहे तो प्रेमचन्द की कहानी 'पूस की रात' के हल्कू के साथ रखकर भी देख सकते हैं। हल्कू ने भी अपनी खेती को चौपट होते देखकर भी कुछ नहीं किया था। क्या वह उसकी निरी अकर्मण्यता थी? वह कामचोर था? केदारनाथ सिंह की हल्कू पर केन्द्रित एक पूरी कविता है—'पूस की रात—पुनश्च'। हल्कू की दृढ़चित्तता का सशक्त संकेत उनकी 'एक ठेठ किसान का सुख' में हमें मिलता है। 'पूस की रात' के हल्कू कर्ज और गरीबी में दबता जा रहा था। केदारनाथ सिंह की कविता में गरीबी का संकेत मिलता है। लेकिन कवि ने उसको मुखर नहीं बनाया है। अपनी सीमाओं में अभाव को पूरी तरह से स्वीकार करता है—

वह चौके में गया
वहाँ दिन की थाली में
रात की लिट्टी थी
लिट्टी की बगल में
उसने एक खूब दमकती
हरी मिर्च देखी
और जैसे जीने में लौट आया
फिर से स्वाद

कविता में प्रकटत: घुमाव-फिराव नहीं है। लेकिन उसके अन्त:स्थल में जीवन के अभाव को दीनता से अलग करके प्रस्तुत किया गया है। अभाव में स्वाद का लौट आना किसान के लिए आनन्ददायक लगता है। दरअसल उसे स्वाद प्राप्त नहीं हुआ है। बस, वह लौट आया है। किसान उस स्वाद का आनन्द भी लेता है। इसलिए किसान अपने पैरों पर खड़ा दीखता है। वह दृढ़ता का प्रतीक है। कवि आगे लिख रहे हैं—

वह कचहरी गया
उसके सामने रखा गया
एक सादा कागज़

कहा गया—'यहाँ-यहाँ...
एक दस्तखत करो
उसने इनकार किया
और उसे लगा
वह दस गुना
बीस गुना
सौ गुना और जिन्दा हो गया।

यह एक इनसान है जो गरीबी में घिरे रहकर भी कभी दीन नहीं है। इसलिए वह दूसरों के आदेश पर दस्तख़त नहीं करता और अपने फैसले पर सौ फीसदी हर्षोल्लसित होता है और अपने को जिन्दा महसूस करता है। वह मुर्दा नहीं बनता है। उसने अपने दिलो-दिमाग से गुलामी के बोझ को अलग कर दिया है। वह एक स्वतंत्र इनसान है। अपना रास्ता खुद तय करता है। कविता को ऐसे लोगों से मिलाकर कवि ने उसे भरपूर सहजता प्रदान की है। वह लोगों में जिन्दा है। उसे ढूँढ़ पाना बहुत मुश्किल है क्योंकि वह एक नियत स्थान पर रहती नहीं है। जीवन के इस फकीरी स्वभाव के साथ केदारनाथ सिंह ने कविता को जोड़ दिया है। कवि की इन पंक्तियों से कविता के समकालीनता के साथ का जुड़ाव स्पष्ट लक्षित होता है—

जाने कैसी बनैली प्रजाति की लतर है
किसी राष्ट्रीय उद्यान में
खिलती ही नहीं।

स्वतंत्रता की यह कामना कल्पना प्रसूत नहीं। जीवन-यथार्थ से निरन्तर टकराने के बाद यह दृष्टि एक कवि को प्राप्त होती है। केदारनाथ सिंह का अनुभव-वृत्त इतना व्यापक है कि जहाँ-जहाँ कविता स्पन्दित है उसको वे अनुभव कर लेते हैं। स्वतंत्रता की महती अनुभूतियों को कविता के खाते में रखकर वास्तव में वे समकालीनता को परिभाषित कर रहे हैं।